放飛自我零內耗

跳脫同儕壓力，把自己當回事

誰にも嫌われずに同調圧力をサラリとかわす方法

大嶋信賴／著

周奕君、楊鈺儀／譯

前言

「同儕壓力」在這幾年已變成廣為人知的流行語。

但慎重起見，我還是同步列出字典上的解釋：「在一個團體中，少數者默默被迫接受多數者意見的情形」（日本數位版大辭泉）。

大家聽到「同儕壓力」時，腦中會冒出什麼想法呢？

- 在公司受到多數派意見影響，雖然有不同的意見但仍隨波逐流。
- 在意另一半和小孩的眼光，不敢隨便花錢買自己喜歡的東西。
- 想早點放學回家，但沒辦法不等死黨一起走。
- 害怕被小孩同學的家長排擠，所以言行都小心翼翼。
- 擔心在社群中被「正義魔人」炎上，非保持溫良恭儉讓不可等等。

然而，會出現上述情況，我認為正是因為每個人的心思各異。

如此一來，如何應對同儕間的衝突與壓力，就成了一道難題。

我們經常從媒體中聽到「日本是個同質性很高的社會」「日本人比你想的更排外」等說法。但老實說，比起大力傳播這些說法，我希望讓更多人知道，如何在日常生活中應對同儕壓力。

因此，我以自己的心理學專業為基礎，將擺脫同儕壓力的應對之道寫成了這本書。

身為一名心理諮商師，我至今經歷了超過九萬件真實臨床案例，回想起來，前來諮商的患者中，不少都是抱著同儕壓力的苦惱而來。

「常常擔心那個人對自己的看法，所以什麼都聽他的。」

「不想被大家討厭，所以只能一直忍耐。」

就像這樣，大多數人老是在察言觀色，到頭來只讓自己疲憊不堪。

然而，在遇過這麼多案例之後，我觀察到了包括「同儕壓力的成因背景」「容易受同儕壓力影響的人的傾向性」「那些輕鬆應對、接受現實的人」「不容易被針對的人的共通點」等等，與我們一般表面上所見截然不同的全新事實。

在本書中，在說明關於「同儕壓力的真面目」「不擅調適同儕壓力的根本原因」「改變你看待同儕壓力的方式」等主題時，會盡量避免使用艱澀的專有名詞或術語，並且從我的個人經驗或奠基與這些經驗之上的理論出發，向各位一一解說「擺脫同儕壓力」的方法。

我想，一定有人對「害怕被大家討厭的人」產生反感吧。而本書真正的目的是：「讓那些因為不想被討厭而在同儕壓力下隨波逐流的人，在不引起衝突的情況下，擺脫同儕的價值觀和羈絆，獲得自由。」

雖然有些說法，可能會讓人難以接受或理解，但請大家不要過於深究，只要想著「也許就只是那個意思」「如果是這樣，我能夠做什麼呢？」一邊閱讀本書就好。

我也是個不擅長應對同儕壓力的人。

但是，我察覺到自己因為「不擅長應對同儕壓力」而變得進退失據，並在明白原因之後，最終成功擺脫了這樣的痛苦。

如果能透過這本書，讓一個人、或者更多人也好，都能夠擺脫同儕壓力的困擾而獲得自由，身為作者的我會非常高興。

「容易產生同儕壓力嗎？」

請用 YES 或 NO
回答以下 **30 個問題**！

1 和別人一同用餐時，會覺得「得找話題聊天才行」。

2 別人犯錯時，會想要告訴對方。

3 發現人們正在評價或關注自己時，會變得手足無措。

4 基本上是個膽小鬼。

5 比起「想做～」，「不能不做～」的念頭更強烈。

6 有時候會為了別人犧牲自己。

7 因為不想和同事約吃午餐，於是一直在觀察大家的動靜。

☑ 8 會因為過度在意對方而變得嘮叨，但往往話才說完就後悔了。

☑ 9 是句點王，每次輪到自己開口，話題一下子就乾掉。

☑ 10 事情進展不順利時會去請教別人。

☑ 11 看到別人有困難會想伸出援手。

☑ 12 容易覺得焦慮不安。

☑ 13 不擅長開口請人幫忙。

☑ 14 在觀賞支持的球隊比賽時，該球隊總是會輸球。

☑ 15 不喜說人是非。

☑ 16 覺得「為了群體著想每個人都應該打疫苗」。

☑ 17 午休時間不想被同事約吃午餐。

☑ 18 沒人約吃午餐會覺得不安。

☑ 19 與人相處時沒辦法保持沉默。

☑ 20 一旦遭到別人指正時會找藉口推搪。

☑ 21 旁邊有人時會覺得緊張。

☑ 22 如果付出了什麼，內心隱隱會渴望得到回報。

- [√] 23 一切不敞開心胸來說就覺得不痛快。
- [√] 24 談話時容易中斷或陷入沉默。
- [√] 25 覺得自己比不上周遭的人。
- [√] 26 對別人的情緒變化很敏感。
- [√] 27 不想和那些老把陰謀論掛在嘴邊的人有瓜葛。
- [√] 28 不太顧慮別人，想吃什麼食物就吃什麼。
- [√] 29 把別人的八卦或壞話當耳邊風。
- [√] 30 不容易相信別人的話。

「容易產生同儕壓力嗎？」的檢核結果

等級5：1～6的問題中，至少一個答案是YES。

等級4：1～6的答案都是NO，但7～16的問題中至少一個答案是YES。

等級3：1～16的答案都是NO，但17～22的問題中至少一個答案是YES。

等級2：1～22的答案都是NO，但23～27的問題中至少一個答案是YES。

等級1：1～27的答案都是NO，但28～30的問題中至少一個答案是YES。

愈接近等級5的人，面對同儕壓力的承受能力較弱，也較容易產生同儕壓力。

相反的，等級1的人擁有穩定的身心，承受同儕壓力的能力較強，也不容易產生同儕壓力。大致來說，等級1的人並不須要閱讀這本書。

順帶一提，為了讓閱讀本書的讀者都能充分了解各種等級的實際樣態，我也會在第三章向大家詳細說明。這部分會稍微複雜一點，還請大家試著吸收理解。

目次

Chapter 1 「同儕壓力」或許就是你活得這麼痛苦的原因

Chapter

2

到底是誰在施加「同儕壓力」？

Chapter

3

為什麼「同儕壓力」讓你這麼痛苦？

Chapter

4

不管是誰都可以擺脫「同儕壓力」的泥淖

Chapter

5

「同儕壓力」也可以成為友軍

Chapter

1

「同儕壓力」或許就是你活得這麼痛苦的原因

覺察那些老是左右自身決定的「同儕壓力」

◎你在做的事情，真的是你想要做的嗎？

我們在職場、學校、家庭、與親朋好友往來互動、在社交媒體發文，或是和其他家長交流、到家附近採買等等……每天都會在不知不覺中做許多事情。對於這些事，請將手心放在胸口誠實地問自己：

「這些真的是我想要做的事情嗎？」

但這麼一問，事情就變得有點可怕了。

這是因為就算你當下覺得「我真的想做這些事」，仔細思考後卻會發現：「咦，說不定我是受到身邊的人影響才這麼做的？」

接下來列舉的幾個念頭，是否曾在日常中不經意閃過你的腦海呢？

- 雖然努力想跟上流行，但其實自己並沒有那麼喜歡。
- 總是跟隨多數人的想法。
- 不想被認為冷淡或難搞的人而勉強答應對方的請求。
- 容易感知團體中沉默的壓力，善於察顏觀色。
- 雖然覺得「這是對的」而去做，但對於那為什麼是「對的」一無所知。
- 最終連自己沒說出口的意見都忘得一乾二淨。

如果有以上的狀況，就表示你現在已經被同儕壓力乘虛而入了。

同儕壓力讓內心的困惑可視化！

◎日常言行舉止都會在不知不覺中受到影響

我就是被同儕壓力乘虛而入的人。

例如午休買便當時常會想：「買太豪華的便當似乎太引人注意」，接著不知不覺就掉入「要價六百日圓以上的昂貴便當買不下手啊……」的想法中。

而且一旦在意起別人的眼光，連買個便當都變得很麻煩。「好累，就鯖魚便當吧！」結果為了省事幾乎每天都吃鯖魚便當，還被同事以為「你真的很喜歡鯖魚呢！」

隔天，下定決心買了較貴的漢堡排便當，不料卻引來同事一番不帶惡意卻令人困惑的關切：「願意花這麼多錢在午餐上真不錯呢！」「光餐費就這麼不節制沒問題嗎？」

但是，當我苦笑著回應大家「只是想偶爾吃點好的～」之後就非得重返鯖魚便當的行列不可……

大家的每一天又是怎麼度過的呢？

如果是職場霸凌這種讓大家聞之色變的狀況，當場就能察覺，而且會有很多人知道。

然而，對於大部分看似自然、無聲無息潛入群體中的同儕壓力，要在好一段時間積累下，才會驀然意識到「咦，這是同儕壓力嗎？」，但這時往往已經改變不了什麼了。

過去的我，只會一味壓抑自己內心的想法，一句話也不說，不滿都吞進肚子裡痛苦地生活著。

所以，首先請大家去嘗試感受日常生活中所遭遇的同儕壓力，以及它是基於什麼樣的情況所產生的。

我在第一章會試著釐清這種同儕壓力的本質。

明明心裡就覺得不舒服，但為什麼還是無法抗拒呢？

◎到頭來乾脆在職場上隨波逐流

同儕壓力無所不在。

我以自己曾經在各種場合中感受到的同儕壓力為例，向大家說明。

首先是**職場**。

某個上班日，總務來電詢問我們部門：「各位所使用的咖啡包、茶包和零食，公司打算酌收每個月三百圓如何？」

可是對我來說，「我既不會去喝那些咖啡包或茶包，也不會去吃擺在那裡的零食。甚至覺得沒必要放這些東西也無妨」。

才這麼想，就聽到部門同事嚷嚷著「誰來去定個時間收錢吧？」

我不禁大吃一驚：「咦，已經拍板決定每個月都要繳錢給總務了嗎？」

我原本雖那樣想，但也慢慢傾向於同意「會使用咖啡包、茶包，以及吃零食的人，每個月投三百元到箱子裡」的做法，也就是潛意識中接受了「向員工收款」這件事。

但接下來，大家又為了「會使用的人、不使用的人」的取用次數僵持不下，最終好不容易才讓大家一致同意：「就交給總務從薪水中扣除每個月的費用吧。」

從一開始覺得收費的提議「不合理」，不知不覺間，內心只剩下了每個月要花時間查看薪資單是否被扣除費用很麻煩的念頭。

◎太在意左鄰右舍的眼光

此外，與左鄰右舍間也會有同儕壓力。

像是町內會*舉辦的撿垃圾、拔雜草等社區美化活動，起初雖然感到不滿，心想：「讓在意環境整潔的住戶參加就好了吧！」但畢竟鄰居都出動了，就自己待在家裡也說不過去，到頭來反而變成自己一馬當先，帶著大家撿垃圾、清雜草。

而且不知不覺中，從原本站在不滿的反對立場，開始朝一同參加活動的鄰居喊著「喂，住對面的太太今天也沒來！」這種話。

除此之外，鄰里間也會舉辦兒童會，明明是和自己完全無關的活動卻無法拒絕參加，每次活動結束返家都覺得很疲憊。

內心老是悲慘地想著，為什麼自己要讓這種事破壞了整個週末？

*註：日本歷史悠久的居民自治團體，表面上是自由參加，但有時會發生沒參加的人就無法在町內管理的垃圾場倒垃圾等權益受限的情況，算是一種社區間強制賦予的人際關係。

◎家人或親戚更麻煩

這種壓力也存在於家人與親戚之間。

大家可能都遇過類似的情況，平常關係沒那麼親的親戚生病時，儘管沒什麼動力，卻還是覺得「不能不去探病」。

然而實際到了醫院，和床上的患者找不到話題可聊，病房中流動著微妙的氣氛，最後還是在親戚主動關心問候下才化解尷尬。

「因為是親人而必須關心」，也是社會上無形且隨處可見的同儕壓力，大多數人都無法與之對抗而不前往探病。

你或許會想，就算不去探病也沒有人會責備自己吧。可一旦被問起：「咦，親戚生病時你沒去探望嗎？」隨後看見對方臉上露出的詫異神情，內心免不了會感到一陣厭煩。

所以，就算事前完全可以想像探病時的不自在，卻還是趕緊前往探病，然後努力在病房裡撐過這段不自在的時間。

除了探病，每年過年回老家也是相同的心情。「今年會回家吧？」一句話就道盡了家族間的壓力。如果回答「不回去」，就彷彿在家人心中被貼上了「不孝子」的標籤。

於是背負著來自父母、連同社會上無形的同儕壓力，「非得回家露個臉才行」，懷抱著一年一度的義務返鄉。

之後同樣也是以不自在的感受畫下句點。

◎所有的「同儕壓力」都有共通點

我在書中舉的各種例子都是基於我的個人經驗，和大家實際所遇到的情況必然有所不同。然而，大部分人每天都會在職場上或家庭，以及與親人、鄰居、朋友，甚至家長交流的關係中，感受到許許多多有形與無形的壓力。

不管待在什麼樣的場合，都會面臨到同儕壓力，而這往往會讓我們感到心累，並且消耗大量的精力。

隨著人生歷練增加，每一次從眾後，隱約會察覺到內心的迷惘：

雖然大家都這麼做，但為什麼我非得跟著大家走不可呢——？

而這個問題的答案，其實就源自於對**「要是不順應同儕壓力，就會被大家拋棄而變得孤立」的恐懼感**。

不管是在公司、在鄰里間，甚至是家人與親戚關係中，同儕壓力就存在於你對「如果被大家孤立，自己遇到困難時沒人伸出援手就糟了」的恐懼之上。

舉例來說，當我們看到名人在沒有同儕壓力的情況下展現真實的自己，都會覺得「做自己好帥氣」「愉快地活出有魅力的自己很棒」。

可是，當你身邊同樣出現了這種無視同儕壓力（公司認為適當的工作方式、居住地區應遵守的規則等）、按照自己步調走的人，你又會怎麼想呢？

想必很快就流露出不想與之為伍的輕蔑態度，甚至對對方抱著幾分敵意吧。

不管是出於自覺或潛意識，我深切地意識到這種不遵守規則就可能被視為敵人的心理結構。

所以，**「不遵守規則」＝「產生恐懼」，人們站在被孤立的恐懼之前別無選擇，只能服從**。

◎「盲目從眾」＝「孩童」的狀態

那麼，害怕被孤立而遵守規則的狀態又是如何？

舉一個大家在成長過程中都經歷過的例子，當孩子不聽話，爸媽就會說出「不聽話就把你留在這裡，我們先回家喔！」「媽媽沒有你這樣的小孩！」這種暗示要拋棄（孤立）孩子的話語。

也就是說，**盲目順應同儕壓力的態度，就像是回到了幼小的「孩童」階段，無法擺脫那種被拋棄的恐懼感**。

讓我們基於這個前提再回頭想一遍，我們在公司或左鄰右舍間所承受的同儕壓力，不也很接近「被大家拋棄後孤立無援就糟了」的處境嗎？

而這種感覺其實正源自於「孩童」狀態的自己。

聖賢孔子有言：「三十而立，四十而不惑。」

過去所謂的大人，即是「三十歲後可獨力承擔責任，確立人生方向」且不受「被拋棄」或「被孤立」等情緒所左右的自立的存在（這也是本書接下來所定義的「大人」）。

然而，現代人大多是從眾的。

於是「想法很多」的人愈來愈少，從善如流的人愈來愈多。反過來來看，這也意味著人們寧可盲目從眾，並且形成現代人特有的「無論經過多久，內心都住著一個長不大的小孩」的狀態。

確認自己是否又回到了「孩童」的狀態！

察覺內心的「同儕壓力」

◎「能說出內心話」與「社群上的從眾效應」的差異

除了職場、家庭等直接在現實生活中承受到的同儕壓力，近年來，社群媒體無疑加劇了面對面接觸以外的、無形的同儕壓力，並且讓「同儕壓力」這個字眼更加深入人心。

社群平臺的出現，不僅向大眾揭露了長期以來職場上各式各樣的霸凌騷擾，並且有助於人們理解這類行徑甚至可能危及一般人的性命。

只不過現在社群上對於霸凌騷擾的爆料，也出現了「那傢伙就是不對！」這種炎上或「正義魔人」等同儕壓力逐漸擴大的趨勢。

原本基於同儕壓力而無法在當面說出口的話，在不用露臉的社群上卻能大放厥詞。

這種心理可能就像我們前面所談過的，「在社群上不用擔心被孤立，因此可以不受制於同儕壓力，想說什麼就說什麼」。

不過，在大多數情況下，我們實際在社群上的態度又是如何？

如同各位的日常，最終**我們並非在社群上「說出內心真正想說的話」，而是「將社會上所奉行的信念（習慣或規矩），強行加諸在無法適應這些事的人身上」**。

也就是說，我們依然沒辦法「不受制於同儕壓力，想說什麼就說什麼」，依然遵循主流意見，在社群的同儕壓力下隨波逐流。然後，不再擔心被孤立的自己自行站隊到了「製造同儕壓力的一方」，並且去攻擊那些淪為少數意見的人們。

而這種來自於社群的同儕壓力所衍生出的另一項問題是，那些因為對方失言或其他行為而在網上出征、攻擊他人的人，都**理所當然地認為「大家不是都這麼想嗎？我只是**

說出大家想說的話而已」「我只是想導正那些做錯事的人」「我就是要讓做壞事的人受到懲罰」。

挾著主流意見與不怕被孤立的優勢，打著正義的大旗公審他人，這就是社群平臺的現況。

◎「同儕壓力兒童」這種病

讓我們再回到前面的主題，也就是「面對被孤立的恐懼」。

剛才我們說到，在同儕壓力下隨波逐流＝「孩童」的狀態。那是因為這種恐懼會讓人重返「孩童」的狀態，失去自己的主見而盲目從眾。

此外，也介紹了那些總是跟隨社群的同儕壓力走，在名為輿論或公眾風向的壓力之下深信自己「不會被孤立」，而四處出征、批評別人的人。

我們常在社群上看到的正義魔人，其實也是一群「受到同儕壓力制約的人」。說穿了，那些人一旦在現實中感受到被孤立的恐懼，就會回到跟著風向走的「孩童」狀態。

所謂的「大人」，可以將自己與別人或這個社會視為不同的課題，並且擁有獨立自主的言行判斷。除此之外，「大人」不容易被旁人的意見影響，即便處在同儕壓力中也會盡量尊重對方來行動。

可是，**在同儕壓力下隨波逐流、處在「孩童」狀態的人（同儕壓力兒童）**，卻往往**感覺自己「不管做什麼都會被原諒！」「不管說什麼，對方應該都不會生氣吧？」**

他們就像年幼的孩子一樣，抱著「我只是個小孩，對大人做什麼都沒關係」的態度，彷彿惡作劇般肆無忌憚地朝大人身上又打又踢的（但就算只是小孩，大人也是會痛的……）。

這就像是新冠疫情延燒時期，日本社會一度出現的自肅警察。這群人會自恃正義，對於那些沒有遵守緊急事態宣言而出入「縣境的車輛」或「擅自營業的店家」，不僅張貼騷擾標誌，甚至損壞車身。

因為在同儕壓力下回到了「孩童」的狀態，只要覺得「我是對的（事實上也對此深信不疑）」，做什麼都會被接受」，就為所欲為，毫不尊重他人的立場。

當時也出現了自行取締人們不戴口罩的「口罩警察」。乍看之下這群人是出於好意，但其實他們「絲毫不尊重那些可能基於某些理由不戴口罩的人，只是一味從主流的

其實那些「受同儕壓力所苦的人」
往往會跟著同儕壓力走……

視角來出征對方」，自以為英雄，幼稚地不斷糾察舉報。

◎尊重每個人的「大人」狀態

倘若我們將「因為大家都這麼想／犯錯就該被罵」「可以施加同儕壓力／集體出征也沒關係」這些想法視為理所當然，問題就會變得愈來愈大。

這是因為當那些信奉別人或主流意見的同儕壓力兒童愈來愈多，「大人」也將不復存在。

到頭來，社會上將充斥著不須要對自身言行負起責任的「孩童」。

如此一來，這個世界上會出現更多「○○是錯的！」「××和我們不一樣！」像這樣老是去討伐不同意見者的人。而反過來，那些本來並不想高舉正義大旗責難別人的人，也會因為在意這群人的眼光而採取違反心意的行動。

於是，我們會愈來愈在意別人的眼光和社會觀感，對於同儕壓力的感受也會變得更加強烈。這時，隨著高喊「多數派正義」的同儕壓力兒童不斷增生，惡性循環的結果，就是讓情況變得一發不可收拾。

話雖如此，這世界上應該**沒有人能夠完全脫離同儕壓力兒童的狀態**吧。

不管是誰，都會在成長階段中，逐漸形塑出何謂「好的行為」這種價值準則。而當與之相反的情況出現，就會產生過度的反應。

以我為例，雖然我「不想承認自己可能成為『同儕壓力兒童』！」但是當我大清早慢跑看到別人不遵守交通規則，也會忍不住暗暗抱怨：「喂，那傢伙是不是都沒在看號誌燈的啊？」

就在這時，「我也有了同儕壓力！」

當然，包括法律等制度在內，本來就是一種宣示「不遵守交通號誌的人很差勁！」的行為準則。

可儘管如此，我們每個人還是很難進一步區分糾正別人到什麼程度才能叫做適切，也難以明確劃分究竟這麼做是出自同儕壓力還是越權行為。

況且，以號誌燈這個例子來說，取締違法行為是警察的工作，其他人無權這麼做。

如果**站在獨立自主「大人」的立場，就不會輕易去責難他人，反而會意識到「取締不遵守交通號誌這種違法行為並不是我的職責」**。

人們往往會過度干涉他人，施加壓力的同時不知不覺成為同儕壓力兒童，然後擺出一副「英雄戰隊」正義凜然的姿態指出「那個人錯了！」並加以撻伐。

不過，要是在這種時候可以**察覺到「啊！現在的我居然也成了同儕壓力兒童！」也許就是從「孩童」成長為「大人」的重要契機**。

事實上，我們在批判「來自他人的同儕壓力」之前，若能先覺察到「內心自發的同儕壓力」，對於擺脫同儕壓力會有很大的幫助。

◎「同儕壓力」是自己做不到的事的表現

可是，為什麼這個社會上充斥著同儕壓力？

那是**因為關注別人的錯誤，就不用面對自己的無知**。只要為了別人的無知而生氣，就可以假裝沒看到自己其實也毫無長進。但這正是沒辦法成為獨立自主的「大人」，沒辦法對自己的言行負起責任的表現。

所以，不妨讓注意力回到自己的心。

化身為同儕壓力兒童，高喊著「那個人錯了！」的同時，請仔細關注自己的心。然後你會發現：「啊……原來自己會因為糾正別人的錯誤而感到安心」「說不定自己所逃避的問題堆積如山……」

仔細一想也會發現，我們努力要成為的「大人」有著許許多多該負起的責任，哪有閒暇老是去干涉別人的生活呢。

換言之，**在同儕壓力中隨波逐流的自己，不過是體現出了「孩童」在逃避許許多多未盡到的責任罷了**。

因為不想去正視「自己有這麼多做不到的事」，才逐漸「同儕壓力兒童化」。

所以，**試著先認知到「自己正在同儕壓力兒童化」的事實，然後再次將注意拉回到自己真正該做的事情上**。

不再隨波逐流，下定決心「去做自己真正想做的事」，就能站穩腳步，成為不再受同儕壓力擺布的「大人」。

藏在「討厭同儕壓力！」背後的事

◎我們有責任去「做正確的事」嗎？

關於「在同儕壓力下隨波逐流的人」與「施加同儕壓力的人」，前面已經說明了兩者之所以「同儕壓力兒童化」，其實是出於同樣的心理狀態。

人們往往會深信自己的價值觀、倫理觀與生活方式，並且以此為基礎來質疑旁人「為什麼你不一樣？」

然而，我們必須要知道，每一個人都不一樣，都有屬於自己獨特的感覺與思考方式。

假設「大多數人都是A的思考方式」，但即便如此，也不代表A就是絕對正義的價值基準，而且其中肯定也有許多尚待解答的疑問。

因此，會認為所有人都抱持同樣價值觀的現實社會，才是不切實際。

從這個角度來看，新冠疫情爆發後，社會各界眾說紛紜、莫衷一是的疫苗接種，就是個很好的例子（我先前也提過，我既不屬於疫苗肯定派，也不屬於否定派）。

一開始看國際新聞，發現原來也有「沒打疫苗的人」時，還曾忍不住大加抱怨「事態都這麼嚴重了，真是愚蠢！」

但**我之所以會出現這種反應，正是因為當時的我成了同儕壓力兒童**。

我並不是以「大人」的思考來判斷自己「該打疫苗」，還是「不該打疫苗」，反而是困在了「社會上對於打疫苗的期待」這種論調（同儕壓力）上。

是的，不自覺受到同儕壓力影響的我，居然也對電視上所提到其他國家的人施加了同儕壓力。

就像這樣，**同儕壓力會讓人失去自主思考事情的空間。只要跟著大家的步調走，像個一同起鬨的「孩子」就好**。

◎「被強迫」的感覺陷阱

另一方面，看了那則國際新聞之後被問起「應該要接種疫苗吧？」時，連處在同儕壓力兒童狀態的我，對於身旁的人不約而同反應「（當然）應該要接種疫苗吧？」內心卻也油然升起一股「同儕壓力又來了啊～」的厭惡感。

但是，**對於「被強迫了真討厭～」這種情境的焦慮感，其實背後反映出的是「孩童」的思考**。

我換個情境來說明吧。

各位小時候應該都聽爸媽說過「胡蘿蔔對身體好，快點吃掉！」這種話吧，但愈是被強迫吃蔬菜，反而就愈不想吃。

雖說這也是一種同儕壓力，但畢竟孩童處在還無法獨自負起責任的年紀，只能全盤接受大人口中「胡蘿蔔對身體好，快點吃掉！」的說法，頂多鬧起彆扭，說說「討厭的東西就是討厭～」這種話。

換作是現在，當一名成年人被自己的爸媽或外人叮囑「胡蘿蔔對身體好，快點吃掉！」難道會覺得有必要像小時候一樣認真以對嗎？

想必**內心早有了定論，「都到了這個年紀還對我說這種話很奇怪」「我自己會判斷」，吃或不吃應該都要由自己決定吧**。

話說回來，我們在打疫苗這件事上沒辦法像「大人」一樣獨立自主思考，其實就像是「給我吃掉胡蘿蔔」這種同儕壓力下所反映出真實的「孩童」狀態。

被這股壓力推著走的時候，無須像「大人」一樣負起責任或獨立思考，只要以「孩童」的邏輯跟著大家走就好。

於是，「討厭的東西就是討厭～」

表現出來的不是「我不吃胡蘿蔔」這種主動思考迴路，而是「我討厭被強迫吃胡蘿蔔」這種被動思考迴路。

〔「孩童」的狀態〕

〔「大人」的狀態〕

只要仔細思考「身為獨立自主的成年人會是哪一種反應？」
原本感受到的壓力也會隨之減輕許多。

「被強迫」的感受其實是不具備「大人」判斷力或責任感的一種表現。

而當這種感覺變得愈來愈強烈，自己表現於外的態度也會愈來愈「兒童化」。

有時候，甚至會出現被「反對同儕壓力！」這種同儕壓力帶著走的諷刺結果。

無論是感覺「被強迫好討厭！」或是「強迫他

人是不對的！」乍看之下似乎是獨立思考下的主張。

可是，正因為有那樣的感覺，才更應該問問自己：「我有負責任地思考嗎？」往往這麼一想才會驚覺，「咦？或許我並沒有像『大人』一樣思考」。

當你開始像『大人』一樣思考，就能理解各種各樣不同的立場，進而仔細思考自己到底應該負起什麼樣的責任。

然而**當你拒絕負責，從而將責任歸咎於他人，例如埋怨「被強迫〇〇真討厭」，或者「都是××的錯」，則是回到了「孩童」的狀態**。

◎你認同「別人有失敗的自由」嗎？

那麼，真正能夠擺脫同儕壓力束縛的自由「大人」，到底是什麼模樣？

接下來我想再用疫苗來舉例。

某天，有人和我聊起自己「向家人說破了嘴『疫苗很危險不能打』，卻還是不被接受」，並為此感到苦惱。

讀到這裡的讀者，應該可以看出其中隱藏著同儕壓力心理。這個人受到同儕間「疫苗很危險」的說法所驅使，不知不覺也成了同儕壓力兒童。然後，一面像「孩童」一樣擔心「家人如果過世會很哀傷」，一面試圖將「疫苗很危險不要打」的想法強加在其他人身上。

因此，一旦能察覺到「啊，我一不小心就像孩子一樣盲目跟風了」，就會重新審視自己「能否像『大人』一樣尊重每個人的想法」。

身為「大人」的自己，擁有選擇的權利，但也要對所做出的選擇負起責任；同樣的，身邊的家人也是「大人」，他們也擁有自由選擇的權利與責任。

我這樣說或許聽起來太過冷血，但即便家人的選擇很可能是錯的，那也是作為「大人」的他負起責任做出判斷的結果。

然而在隨波逐流的同儕壓力兒童心中，「家人要為自己存在」的念頭根深蒂固，而且絕對無法接受家人有失敗的自由。

嘴上說「我是擔心你……」其實只是想讓自己安心，於是讓對方感到壓力，好進一步約束對方的言行。

沒錯，正是因為處於「孩童」的狀態，所以一切都以自我為中心思考，以最有利於自身的方式來看待身邊的人事物……

一旦自己遭到拒絕或反駁「你的說法是錯的！」感受到另一方同儕壓力襲來，又會憤怒說出：「強迫我的人最差勁了！」陷入反向的同儕壓力之中……

到頭來，**一切都只是基於自私自利的心態，以及為迎合來自四面八方的同儕壓力才那麼做**。

所以我們才須要去察覺到自己「成為同儕壓力兒童的那瞬間」。

只要能夠認知到這一點，就能將自己「重置」回「大人」的自己。

神奇的是，只要重置回「大人」，似乎就「不容易受到那些自我中心、老是造成別人壓力的『孩子們』的影響」。

明明在這之前，自己還會覺得不跟著大家的意見走很不好意思；成了「大人」之後，不僅不容易隨人起舞，也能夠找回自己原先的初心。

而且，無論對方處在什麼樣的狀態，都可以放心地「讓對方自己做選擇」。自己能夠獨立自主，負起責任做出選擇，才能夠每一步都踏實地往前走。

◎先了解自己，才能看清對方

在這一章，我們談到了「盲目從眾其實是一種『兒童化』表現」「順應同儕壓力的人，其實也會對別人施加同儕壓力」「只在意同儕壓力的人，可能會對不利於自己的情況視而不見」「所謂『大人』，就是無論對方選擇怎麼做，都會表達尊重」等許許多多的主題。

對於原本打算從這本書中學習到擺脫同儕壓力痛苦的各位來說，有的人或許會感到不滿：「說來說去都是我自己的問題？」

但是，**要想充分理解同儕壓力的本質，並不是光從外部找原因就好，也繞不開直面自己的內心**。

俗話說「良藥苦口」。為了做到真正的改變，有時就必須說一些聽了會讓人覺得刺耳的話。

不過，各位應該已經察覺到自己容易受到同儕壓力擺布的根本原因。所以在下一章，要探討的是造成同儕壓力的本質，以及施加同儕壓力者的背景。進一步了解後，就不會對施加壓力的人感到憤慨，反倒會覺得他們很可憐。心有餘裕之後，才能真正放下伴隨壓力而來的疲倦和痛苦。

接下來，我想要讓大家從動物學的觀點出發，更全面地掌握「同儕壓力到底是什麼？」「為什麼會產生同儕壓力？」等重要問題。

Chapter

2

到底是誰在施加「同儕壓力」？

「同儕壓力」的本質是對這世界過剩的信任感

◎「別人對自己友善是理所當然的」，這是真的嗎？

先讓我們專注在同儕壓力的本質。

既然要談這個，雖然有點不好意思，但我還是從我自己的例子說起吧。

各位是否有過類似的經驗，向人請教問題或打聽消息時卻遭到冷淡對待。這時你會有什麼樣的感覺？

我以前與朋友約見面時不小心迷了路，路上就遇過類似的事。

我拿著手機地圖，才朝著從對面走來的男性開口：「不好意思，這個地方要怎麼走……」沒想到那男人卻逕自穿過我身旁快步離開。

當時我驚訝地想：「咦，居然被當作空氣了嗎？」

然而下一瞬間，**這股驚訝轉為憤怒：「居然對我視而不見！」內心對於那名男性的不滿，立時化為同儕壓力爆發出來**。

大家讀到這裡，可能也會和當時的我一樣，覺得自己「被無視了」而感到不愉快。

但是，或許也有人會認為「因為突然被搭訕覺得很可怕才跑走吧」。

現在的我回顧這件事，**內心浮上的疑問卻是：「為什麼我當時判斷那名男性會親切地指引我方向呢？」**

說到底，我之所以會這麼憤怒，正是來自於「那男人本來就該親切指路才對，可是他居然對問路的人視而不見」這樣的前提。

同儕壓力以及隨之而來的憤怒，
其實代表的是對對方的信賴……

如果我沒有先入為主地認為「男人本來就應該親切地指路」，就不會因為「被對方忽視而忿忿不平」，而會坦然接受這種結果吧。

無法坦然接受這一點，對於「信任對方會指路卻遭到背叛」的結果憤怒不已，正是因為內心「過度信任這個社會」的緣故。

◎我的常識不是他的常識？

我從小就是在基督教文化背景下成長，經常被告誡著：「遇見有困難的人要展現親切的態度。」所以換作是我看見迷路的人，肯定會坐立難安，非上前幫忙不可。

但是並不是所有人都出身於基督教的家庭，所以我理當很清楚，「所有人都是在不同的文化背景下長大」。

儘管如此，我在那瞬間還是感到意外又氣憤。

除了向人問路，出門上班走樓梯遇見樓下鄰居時，明明說了「早安！」卻沒得到回應時，也會感到一陣錯愕。

「明明都笑著打招呼了，為什麼當作沒看到？」上班的路上，腦袋不住思考著這件事，甚至陷入自我懷疑，「就算在工作，一想起來還是鬱悶不已的我是不是很奇怪？」

但**這正是因為我將「回應打招呼視為理所當然」，才會陷入不愉快的情緒之中**。

我們從小接受的教育告訴我們：「要主動向別人打招呼！」因為深信「人際間的問

候是理所當然的！」所以當別人擺出「視而不見」的冷漠態度，就會覺得彷彿「被背叛了！」一樣，瞬間湧現怒氣。

有時連我都很驚訝，居然連在工作時想到都會生氣。但這都是因為我過度信任社會上人際關係的緣故。

不過，最近無論是在學校的課堂上，或是愈來愈多家長都會再三叮囑孩子：「不認識的人來打招呼，不要理會。」

這是因為社會上發生許多孩子在與陌生人交談後遭到誘拐的事件，所以各界咸認有必要提高孩子的警覺心。

在這種教育下的孩子長大之後，自然會覺得「對陌生人的問候視而不見很正常」。如此一來，當對方表現出冷漠、忽視的態度時，倒也不能因此就怪罪對方。

不同的國家、不同的家庭，甚至不同的時代，人們所接受的教育與常識自然都不同。然而，唯獨我因為**過度依賴人際間的原則，認為大家應該都和自己一樣才對，才會感到吃驚，並且覺得遭到不當對待而受到打擊。**

◎愈是「不相信別人」的人，就愈相信別人

像這種「對社會過度的信賴感」，就是同儕壓力的根源之一。

但是，那些施加同儕壓力的人並不會察覺到「正是自己對社會過度的信賴感，造成自己無法容忍別人出錯」這一點。

而且他們會漸漸覺得，「不管是誰都讓人很火大！」**這一切都是因為「自己誰也不相信」的緣故**。

但是，現實生活中「別人往往不會按照自己的想法行動」，所以一心認為「別人本來就應該按照自己的想法行動」的人才會這麼憤怒。

如果真的「誰也不相信」，對別人根本毫無期待，就不會因為別人違背自己的想法而發怒吧？**也就是說，那些嘴上總說「自己誰也不相信」的人，實際上心裡卻認為他人「理所當然會那樣做」，對他人抱著過剩的信賴感**。

所以，只要稍微偏離自己的標準，就會嚴厲指責對方「為什麼那樣做！」「連這點

程度都做不到嗎！」給予他人極大的壓力。

雖然自己也覺得「如果不抱期待，何必把同儕壓力強加在別人身上……」可一旦發現有人的行動踰越了自己所設下的那條線，又立刻怒氣沖沖地加以撻伐。

◎試著放下對這世界的信賴感

其實這種情況在日常生活中數也數不清。

例如開車。

原本還一派輕鬆地說「本來就有形形色色的駕駛」，但當自己因為塞車而耽擱到既定行程，又發現「那輛貨車怎麼在超車道上慢吞吞的，前面明明很空！」時，整個人火氣就上來了，「搞什麼鬼！後面塞成一團，為什麼還不趕快離開超車道！」

仔細一看才發現，原來「後面會塞得這麼嚴重，是因為貨車駕駛分心在玩手機」，於是內心更火大了。

不過，馬路上本來就不乏那些不遵守交通規則的人，因此與其對外部不可控的因素抱著過度的期待，不如想著先保護好自己，這才是所謂「大人」應該優先考慮的現實問題。只不過當下情緒湧上，對社會的信賴感瞬間提升，就會忍不住因為「大家本來就應該好好遵守交通規則！」的念頭而勃然大怒。

「每個人都是不一樣的個體」。即便原本嘴上說得好聽，願意接受自己與周遭人的差異。然而當情感遭受衝擊，卻又立刻高舉原則大旗「大家都得這麼做才行！」就此化身為同儕壓力兒童。

正因如此，請務必建立你的自覺。

也就是**相信這世界，卻不會因此生氣的自覺**。

我現在察覺到「自己正在施加同儕壓力」的次數變多了。雖然目前已經可以很快意識到「啊，我又來了～」然後快速抽離那樣的狀態。但以前可是會對那些「背離規矩的人」滿滿怒火、不斷抨擊呢。

所以，當你發現自己變身成同儕壓力兒童，務必去意識到自己正是因為「對這社會有著驚人的信賴感，才會這麼生氣」。

試著放下對這世界的信賴感，你就會發現到「咦，原來自己也可以這麼淡然」，內心的同儕壓力便瞬間一掃而空。

話雖如此，當情感一再受到影響，過去那個動不動發脾氣的自己還是會帶著火氣回來，並且怒斥對方「為什麼不去做〇〇！」。

然而，這種帶著攻擊性的情感到底從何而來？

我會在下一節，進一步介紹這種情感的機制。

與「同儕壓力」有關的兩種物質

◎「催產素」和「血管加壓素」

到此介紹了這麼多「同儕壓力」的心理狀態，其實這種壓力和大腦分泌的兩種荷爾蒙有關。

那就是「催產素」（oxytocin）和「血管加壓素」（vasopressin）。

在生物產生「可以信賴這個人！」的情感時，大腦就會分泌催產素這種荷爾蒙。

催產素
是產生信賴感時會分泌的
腦內荷爾蒙

血管加壓素
是在不信任的人面前會分
泌的攻擊性腦內荷爾蒙

與同儕壓力有關的兩種關鍵腦內荷爾蒙

這是由美國的金賽研究所（Kinsey Institute）所長，草原田鼠研究先驅蘇・卡特博士（C. Sue Carter, Ph.D.）所揭露的一項研究成果。

卡特博士發現，草原田鼠築巢定居，與配偶成對生活之後，體內的催產素濃度會急速上升。

此外她還發現，**配對後雄鼠的腦內也會分泌血管加壓素，會攻擊伴侶以外的田鼠**。

順帶一提，關於「血

管加壓素分泌後會產生攻擊性」此一現象本身，已有研究證實，當血管加壓素的作用受到抑制，原本具攻擊性的雄性田鼠會回復平靜（《動物行為》〔*Animal Behaviour*〕二〇一五年十月號）。

至於催產素和血管加壓素的作用，如果想成是人類的青春期，就比較好理解。青春期前，孩子與父母、家族的關係十分緊密。可是到了青春期後，在學校交了新朋友，會開始嚷嚷著「老爸好煩人」「老媽好囉嗦」，有時還會出現對立反抗等行為問題。

這是因為**情況已不同於幼年時期，孩子與同儕友人來往時，大腦才會分泌催產素，與包括父母等其他人互動時，分泌的則是血管加壓素**。

接著迎來的就是叛逆期。

◎其實「叛逆期」超重要！

然而，沒有叛逆期的人會變成什麼樣子呢？

答案就是：**與雙親互動時，大腦分泌的還是催產素，而且「心理上依然離不開父母」**。

青春期是一段相當重要的時期。一般來說，這段時期會在家人面前展現較高的攻擊性，在家人以外的人面前則會因催產素分泌而建立起信賴關係。

處在青春期的階段，往往會因為社團或打工等活動認識更多朋友，並且隨著與朋友相處時催產素濃度上升，就此建立起「家人以外的人際信賴關係」。

如果有推心置腹的「摯友」，催產素濃度也會升高。有研究證實，當內心浮現「想幫助朋友」的念頭時，體內的催產素濃度也會隨之升高。

不過相對的，由於與家人互動時血管加壓素的濃度升高，自然也會產生「家人都好煩」或是「爸媽真討厭」等反抗的情緒。

讀到這裡，可能也有些父母會寧願「孩子最好沒有叛逆期」。

但是，**度過青春期、在與家人之外的人互動關係下分泌催產素，與家人互動時分泌血管加壓素，都是體內在平衡「信賴」與「攻擊性」的荷爾蒙時相當重要的過程**。

例如，美國的知名大學就相當重視學生在入學時所列出的課外及志工活動等經驗。因為這正是在催產素所帶來的影響：「願意信任身邊的人，並且適應群體生活」，以及血管加壓素所導致「不屈服於同儕壓力，堅持做自己想做的事」的態度之間取得適度平衡的結果。

而這些人在入學之後，不僅可以「在課堂上和大家一起學習新知識，也是在面臨全新挑戰時能夠做出改變的人才」。

日本的求職面試也一樣，「是否會參加社團活動？」「常從事怎樣的活動呢？」等等，都是一定會被面試官問到的問題。

如果是積極參與社團活動的求職者，一方面會因為催產素而「與同事合作提高業績」，一方面也能在血管加壓素的影響下，透過「彼此的良性競爭提升個人績效」，而公司所尋求的正是能在這兩者之間充分取得平衡的人才。

當然，面試官並不見得是從腦內荷爾蒙的作用來做出判斷。但就經驗來看，樂於參與課外活動的人大多具有以上的特質。

◎沒有參加課外活動的人更容易受「同儕壓力」影響？

我們在成長階段參與的課外活動中，讓催產素和血管加壓素各自確立了所扮演的角色，這時，催產素會進一步讓我們「信賴主管和同事，並且遵循公司方針」。如此一來，「職場上的壓力頓時一掃而空！」工作起來也變得更愉快。

與此同時，血管加壓素的分泌也會讓人保持警覺，「不過度接受競爭對手或客戶的單方面說詞」，並且出於「不想輸的心理努力工作」。

另一方面，**成長階段並未參與課外活動的人，體內的催產素和血管加壓素不容易達到平衡，也比較容易「對於遵循公司方針感到壓力」**。

也因為催產素和血管加壓素分泌狀況不穩定，每當被主管指派工作，或是與同事共同執行任務時，體內就會分泌血管加壓素，而產生「同儕壓力」。此時，內心便會不由自

催產素是攸關信賴感的一種腦內荷爾蒙，
一旦分泌失調就會成為同儕壓力的主要來源……

主想要反抗這股巨大的心理壓力。

相較之下，在面對須要採取謹慎態度的人時，反而容易因為「輕信競爭同業的說詞而遭到誤導」，或是「受客戶的要求擺布」。

到頭來，帶來攻擊性的血管加壓素分泌增加，能建立與公司信賴關係的催產素分泌減少，於是開始抱怨「我做得這麼辛苦，公司不僅不支援我，還扯我後腿來指責我！」對職場逐漸心生不滿。

如同前文所說，如果沒能在青春期階段適當平衡催產素與血管加壓素這兩種腦內荷爾蒙，之後就可能出現失調。

於是，每當看見處事上不同於自己習慣或常識的人，內心就會基於過剩的信賴感先設下一道前提：「你應該是能夠依循（我的）常識行動的人吧？」然而，下一秒又大加抱怨「明明該依循我的常識，為什麼卻做不到？」而對對方產生攻擊的心理。

不過，如果一開始就並未分泌過多的催產素，就不會懷著「明明該依循我的常識」這種過剩的信賴感，反而只會將自己劃定為「毫無關聯的人」，對周遭事物漠不關心。

這就是「容易施加且感受同儕壓力的人」與「傾向避開且不會施加同儕壓力的人」之間的差異。

我想很多人會同意，「體育系*的社團氣氛，比起一般社團更容易產生同儕壓力」。

然而，**從腦內荷爾蒙的觀點來思考，不參加課外活動的人實際上更容易強烈感受到同儕壓力，並且在不自覺間也對別人施加同儕壓力**。

那麼，對於足可說是同儕壓力的關鍵成因，也就是催產素和血管加壓素的控制上，到底取決於什麼樣的因素？

下一節將為大家進一步說明。

*註：一種格外重視學長學弟制與上下服從關係的社團文化。

親子關係決定你是不是容易受「同儕壓力」影響的人

◎妨礙腦內荷爾蒙安定的「愛抱怨父母」

到底是什麼決定了體內催產素和血管加壓素的控制？**答案是「與父母的關係」**。與父母的關係，要說是足以影響孩子日後成為施加同儕壓力的人，抑或是避免同儕壓力的人的主要因素，一點也不為過。

其中最讓我敬而遠之的，正是**老是在青春期孩子耳邊喋喋不休抱怨的那種父母**（而且不少是家庭主婦。即使是現代，女性的育兒時間一般來說還是多於男性，所以這裡主要談到的也是「愛抱怨的母親」）。

因為這樣的父母，會讓孩子體內的催產素與血管加壓素分泌劇烈變化，並且容易成為施加同儕壓力的人。

演變機制如下：

①青春期階段受到愛抱怨母親的影響，本該從家人以外的友人關係中尋求平衡而分泌的催產素，卻轉為來自對母親的同情。

⇦

②因母子或母女關係而分泌的催產素，讓自己愈來愈相信母親，並且全盤接受母親的說詞。

⇦

③開始「對讓母親受苦的人感到憤怒」，在與母親以外的人互動時會分泌將攻擊性提高的血管加壓素。

⇦

④如此一來成了像是條件反射行為，每當聽母親抱怨時就覺得「好可憐啊」而分泌催產

素；然後又因為「對讓母親受苦的人感到憤怒」而分泌血管加壓素。催產素與血管加壓素就這樣呈現不斷波動起伏的狀態。

⇩

⑤就算聽再多抱怨，也往往無法解決現實上的問題。之後母親依舊是滿嘴停不了的牢騷，每次聽完後，催產素與血管加壓素都會呈現過度分泌的狀態，劇烈變化的荷爾蒙愈來愈失控。

原本應該趁著青春期，與形形色色的人們建立關係，找出最佳平衡狀態的催產素與血管加壓素，**卻在親子關係的過剩分泌下反覆激烈變化，錯失了穩定平衡的機會**。

於是，當這樣的孩子出社會之後，在職場和家庭生活等關係上也會因催產素過度分泌，而出現「作為主管（作為伴侶），本來就應該要了解我」這種信賴過剩的狀態。更何況自己實際上並未積極與別人談話或諮詢，讓自己處在一個「能夠被了解」的狀態。

就這樣，明明自己一點行動也沒有，卻滿腹委屈埋怨「為什麼都沒人了解我！」並因為血管加壓素的分泌，從而形成對周遭人們的攻擊心理。

這種情況會不斷反覆出現，從一開始抱怨「別人應該要了解我」↓因為「沒有人接納我！」感到憤怒，逐漸演變成「所有人都應該要遵循和我一致的標準」↓發現別人和自己想法不同而成為「施加同儕壓力的人」。

◎青春期仍離不開父母的孩子

到了青春期仍離不開父母的孩子，還會面臨其他問題。

這些孩子不覺得「與人相處是快樂的」，在人際關係上也容易感到疏離而不自在。

腦內荷爾蒙催產素的分泌起伏不定，會造成「因為對他人過度期待而感到被背叛」的孤立感。與此同時，血管加壓素的分泌也面臨波動，提高了自己指責他人犯錯，對外施加同儕壓力的機會。

然後，隨著被周遭孤立的疏離感變得愈發強烈，就會產生兩種荷爾蒙劇烈變化的惡性循環。

此外，除了前面提到的愛抱怨父母，當青春期的孩子處在「母親在心理上較脆弱／身體狀況不佳」的環境下，也不利於腦內荷爾蒙穩定分泌。

這是因為本該分泌催產素，與家人以外的朋友交誼互動的青春期孩子，停止了與外部對象建立關係的緣故。

就像是行為心理學中的經典實驗，一聽到鈴聲便口水直流的「巴夫洛夫的狗」，只要看見「可憐的母親」，條件反射就讓體內開始分泌催產素。在外與朋友愉快相處時雖然也會分泌催產素，但腦中同時會浮現母親的身影。

如果當時母親的身心狀況不佳，就和母親抱怨時一樣，會因為對母親的情感而過度分泌催產素。

與此同時，具攻擊性的血管加壓素分泌量也會升高，這是因為「只有自己覺得快樂，對母親感到歉疚」，內在產生了自我指責的聲音。

可能部分讀者也有過類似的經驗。在外與朋友相處融洽愉快的那一瞬間，母親的身影卻像條件反射一樣浮上腦海，於是一邊懊惱著「我到底在這裡做什麼啊」，愉快的心情也頓時冷卻下來。這時，腦內荷爾蒙劇烈起伏，血管加壓素大量分泌而引發自責，「不可以只有我自己覺得開心」。

順帶一提，這種類型的人也會因為血管加壓素的分泌，從一開始的「自責」，轉變為「我都這麼自責了，為什麼你們都不反省！」的態度，不知不覺中成為在群體中施加同儕壓力的人。

我們在青春期的成長階段，如果沒有透過與家人以外的對象來往累積催產素分泌的經驗，腦內荷爾蒙的分泌就會變得不穩定，也無法與別人建立起信賴關係，甚至在不知不覺中成為施加同儕壓力的人。

◎導致血管加壓素過度分泌的「控制狂父母」

談到親子關係，除了前面所提到「聽父母抱怨個沒完」「覺得父母好可憐」之外，**「控制狂父母」也是造成腦內荷爾蒙分泌不穩定的原因之一**。

這是因為在控制狂父母面前，孩子會出現血管加壓素過度分泌的情況。

如果能在血管加壓素的分泌下表達出「吵死了！」或「別管我！」這樣反抗的態度也不錯。然而當父母窮追不捨、過度涉入孩子的生活，會導致血管加壓素過度分泌，身體為了尋求體內荷爾蒙穩定，則會轉為釋放出分泌催產素的指令。

於是演變成**「明明想要反抗，卻還是意外認真看待父母的話」，或是「反抗到最**

後，不知為何反倒對父母產生歉疚的心情」。

到頭來，不管怎麼反抗都逃不出父母的五指山，依舊身陷於控制狂父母的過度干涉之下。

也因為缺乏與外界友人建立關係，平衡腦內荷爾蒙的經驗，以至於腦內荷爾蒙分泌不穩定，一旦在網上發現「這個人做錯了！」不僅會立刻反應，也會對對方加諸同儕壓力，腦內荷爾蒙變得更加混亂。

施加「同儕壓力」的人將社會投射成「母親」

◎孩子心中「母親無論做什麼都是對的」的錯覺

在親子關係中，尤其是對於辛苦懷胎生產、哺育幼兒的母親，孩子往往會投以無條件的信任感而分泌催產素。

在各位當中，我想肯定也有不少人在進入青春期之前，對於「母親說什麼都是對的」感到深信不疑吧。

不過，這樣的關係，通常在進入青春期後，與家人以外的朋友加深互動之後，隨著催產素分泌對象不同，在與母親相處時轉為分泌血管加壓素，才能順利擺脫「母親說什麼都是對的」這樣的錯覺，取得腦內荷爾蒙的平衡。

這樣才能認清「母親與自己是不同的獨立個體」，母親是不同於自身人格的存在。

可是，假使這個時期腦內荷爾蒙無法維持恆定，情況又會變得如何？

答案是，當催產素出現激烈變化時，原先的信賴感會轉為失控，同時沉浸在「母親與自己是一體的」錯覺之中。

一旦母子關係成為過度緊密的連結，催產素所引發「母親說什麼都是對的」的錯覺，會逐漸朝**「母親可以完全理解我」→「我也能完全理解母親」→「母親與我是一體的」的感覺發展**。

於是，到頭來，當母親做出一些與自己預想不同的事情，原先對母親的信賴感就會出現動搖，並且感到異常憤怒，「妳明明了解我，為什麼還要這樣做！」

這種狀態也被視為一種戀母情結的表現。

這些人往往會說：「我一看到我媽就一肚子火，才不是什麼戀母情結！」然而，**「看到母親就一肚子火」這種反應，正是奠基在因催產素劇烈變化而產生「母親與我是**

「一體的」的錯覺前提之上，當母親做出不如自己預期的行動所湧現的情感。這無疑是戀母情結的最佳證明。

◎產生「那個人要和我一樣」的錯覺

對於腦內荷爾蒙無法維持恆定的人來說，即便出了社會工作，在待人接物、與人交往的應對進退上，也會表現出與母親互動時一樣的態度。

舉例來說，他們會對社會懷著憤怒，像是「為什麼只有我要照規矩來這麼辛苦，其他人卻都挑自己喜歡的事來做！這樣對嗎！」

可是，話又說回來，我們每個人本來不都擁有依照自己喜好行動的自由嗎？

儘管如此，他們在同儕壓力的約束下，深信「大家應該要一樣」「只有你可以這樣也太狡猾了」，加上催產素過度分泌，即便在一般人際交往或工作場合中，也會像對待母親那樣，因為產生「我知道那個人的想法」「那個人和我一樣」的錯覺，而出現信賴感失控的狀態。

在催產素過度分泌下，自己很容易將身邊所有人都「母親化」，陷入戀母情結的狀

態。一旦心生「為什麼和我想的不一樣！」這樣的不滿，同儕壓力也就應運而生。大致上會依以下描述的樣態發展：

①因為催產素過度分泌將對方「母親化」，對於「我很了解你的情況（思考、處境、行動等）」這一點深信不疑。

⇐

②出於「對方和我都要一樣」的錯覺，在不如己意的現實環境之前對對方施加「為什麼都是我在努力」「為什麼你這樣做」等同儕壓力。

⇐

③然後，愈是因為對對方感到憤怒而施加同儕壓力，荷爾蒙的變化會變得愈發劇烈，也就更加克制不了將對方「母親化」，並對其施加同儕壓力的行動。

這就是同儕壓力兒童在施加同儕壓力時，因腦內荷爾蒙劇烈變化，所表現出「對方＝母親」「自己＝孩子」的狀態。

當然，當事人對於自己「將對方『母親化』」這一點毫無自覺。

更正確地說，他們反倒將自己當作了父母一樣，深陷在「糾正別人的錯誤」「糾正社會的錯誤」這種錯覺之中。

然而，這種深信「自己是對的」，並且無可置疑這一點的態度，其實無異於我們在青春期之前「母親說什麼都是對的」的錯覺。

沒辦法將自己與「母親化」的對方區分為不同的個體，再加上所謂「母親與我是一體的」的錯覺，有時甚至會表現出彷彿父母一樣的行動。

施加同儕壓力的人
會將這個社會和互動對象「母親化」

施加「同儕壓力」的人潛意識在想什麼

◎「對他人心情敏感」的缺點

受到催產素劇烈變化影響，對於母親會產生超乎尋常的信賴度，以至於在建立起「母親應該要了解我」的錯覺的同時，也形成了「我也了解母親」的錯覺。

在**「我也了解母親」的錯覺中，最大的問題是，因為覺得「母親的期望即使沒有說出來我也知道」，所以即使母親一句話也沒說，內心仍會「感受到來自母親的壓力而不痛快」**。

以我來說，母親每天一早起床打掃時，我都還沉浸在夢鄉之中。於是常會感受到來自母親，彷彿在指責我般無聲的壓力：「為什麼你不早點起床幫忙做家事呢！」或是我在看電視的時候，母親明明什麼話都沒說，我還是會覺得母親彷彿在背後暗暗責備我「不念書光看電視，真是個懶惰的孩子」，最後沮喪得連電視也看不下去。

如同我前面所描述的例子，對母親的感覺，其實就是對社會的感覺，**儘管我們周遭的人沒有開口，我們仍會誤以為自己「了解周遭的人想法」，而苦惱於這些「來自周遭可怕的同儕壓力」**。

我在第一章寫到了迫於無奈買下六百日圓便當的例子，雖然別人看了只說「好棒喔～」但我卻覺得這些同事更像在暗暗諷刺我「午餐也買太貴了吧」或是「真浪費啊」，並為此**感到一股令人惶恐不安的同儕壓力**。

◎施加「同儕壓力」的人＝「同儕壓力」承受能力較弱的人

就像這樣，只要周遭的人態度稍有一點變化，就會敏銳地感知到「同儕壓力」，並在催產素的劇烈變化下，自以為「了解對方的情緒」。

於是對同儕壓力變得愈來愈敏感。

回到前面買便當的例子。其實，明明根本不想每天中午都花六百日圓買便當，卻**因為對同儕壓力的敏感，內心不由得懷著「被強迫這麼做」「只能忍耐了」這種強烈的被害者意識，心不甘情不願地行動**。

催產素的劇烈變化，會讓情感因此起伏擺盪的人與外界來往時產生一種近乎「與母親之間的關係」，並且彷彿回到了「孩子」時的心理狀態，感覺自己淪為「被強迫這麼做」或是「只能忍耐了」的處境。

當然，有時雖然覺得「我沒有感受到被害者意識，我是自己決定和大家一樣的」，但內心深處其實充斥著「忍耐」與「被強迫」的不快感受。

正是因為這樣，**每當敏銳地察知同儕壓力，長期藏在內心的軟弱與不愉快就會以對周遭人們施加同儕壓力的態度，明顯表露出來：「我都這樣忍耐了，其他人也要和我一樣忍耐！」**

自己買的是六百日圓的便當，一看到別人買了不一樣的便當時就問：「這個便當多少錢？」為了否定自己做不到的事，會一邊酸對方「好像比大家吃的都貴喔？」一邊施加同儕壓力。

而當對方回答「這個便當是八百日圓」，卻又刻意擺出一副意興闌珊的態度隨意回應，讓對方隱約感受到無形的同儕壓力。

沒錯，總是釋放同儕壓力的人，因為催產素分泌不穩定而有了自以為「了解別人的情緒」的錯覺，敏銳地感知到同儕壓力後隨波逐流，最終演變成「因為我也在忍耐，所以你也要！」的結果。

換句話說，**施加同儕壓力的人本身，往往也是非常容易受到同儕壓力影響的人**。

◎「同儕壓力」可以把自己的弱點隱藏起來

承受同儕壓力能力較弱的人，由於處在「孩子」的精神狀態，所以並不認為「自己是不善於承受同儕壓力的人」。

身為「大人」，通常能夠承認自身的弱點，但是「孩子」卻不具備這樣的基本認知機能。

所以，與其承認自己的弱點，並優先關注於自己的事，不如藉由「對他人施加同儕壓力」，來抵消自身這項弱點。

沒錯，**施加同儕壓力的人會在潛意識中，試圖否定自己對於同儕壓力的畏懼**。

「只有自己被迫忍耐」，其實背後隱藏的意思是「只有自己是弱小又悲慘的存在」。

可是，他們並不會承認這一點，依舊對外釋放出「大家都該好好遵守規則」的同儕壓力訊息，以藉此來證明「我並非弱者」。

然後試圖透過率先對別人施加同儕壓力的行動，抹消「在同儕壓力之前弱小的自己」的形象。為了隱藏自身的軟弱，更須要讓周遭的人感受到同儕壓力才行。

也就是說，為了擺脫「只有自己是軟弱的、被強迫的、悲慘的念頭」，必須另外尋找「施加同儕壓力」的替死鬼。

因此，那些**施加同儕壓力的人們當中，儘管有些人表現於外的氣場十分強大，但他們的內心其實和大家都一樣，「在同儕壓力前相當軟弱」**。

透過強行要求別人遵循規則來捍衛自己的立場，如此無止盡的惡性循環下去。

◎掌握對方的心理機制，妥善應對同儕壓力

在這一章，我們談到了與同儕壓力有著相當緊密連結的因素。包括腦內荷爾蒙「催產素和血管加壓素」「無法與父母分離的問題」「過度信賴對方而引發同儕壓力」，以及「透過施加同儕壓力來隱藏自己的弱點」。

掌握了同儕壓力的形成機制，以及施加同儕壓力者的背景之後，你是否也發現了，其實我們並不須要「對這些人的行動如此敏感」。

而且，一旦明白了施加同儕壓力的人，和那些在同儕壓力下隨波逐流的人，其實只是互為表裡，或許就能真正「擺脫隨波逐流的自己」，展現出全新自信的自己。

話雖如此，很多人還是會不經意地將自身的規矩強加在別人身上，或是一個不留神，又跟著別人的步調走也說不定。

那麼，倘若我們要在理解這樣的心理機制與掌握對方情緒的前提下，成為實際上能夠轉換同儕壓力的人，又該怎麼做？

在下一章，我會針對「人們在何種狀態下容易被捲入同儕壓力？」「什麼樣的人能夠輕易地散布同儕壓力？」「從來就沒想過對別人施加同儕壓力的人，又是什麼樣的人？」等主題，為大家進一步說明。

Chapter

3

為什麼「同儕壓力」讓你這麼痛苦？

「同儕壓力」源自於精神的不安定

◎什麼時候你會感受到「同儕壓力」？

究竟處在什麼樣的情況下，我們容易產生同儕壓力？

關於這一點，我先說說自己的例子吧。

各位曾經想過，自己通常在什麼時候會感受到同儕壓力嗎？

不久前我迷了路，在路上慌張失措的時候就出現了這種感覺。

「糟了，要趕不上約會了！」擔心讓對方久候正感到焦慮的時候，卻被路上一位不知名的阿伯碎念：「別在路中間擋路！」

我一邊委屈地直道歉，又覺得「說話態度一定要這麼差嗎」。

又不是在人潮眾多的路上忽然停下腳步，影響大家前進。

只不過是為了找路，一邊低頭看手機地圖而已。

但真要說起來，記憶中最深刻的還是當時焦慮不安、心神不定的心理狀態。

更早之前也發生了類似的事。當時我銀行裡的存款已經快見底，到銀行辦住宅貸款時，懷著忐忑的心情擔心能否通過，卻被負責的窗口叫過去，對方不耐煩地說：「『7』不是這樣寫的吧？請好好重寫一遍再遞文件上來。」

我當時也悲慘地想著：「為什麼我非得承受這些壓力不可呢？」

不過，如今回想起來就明白了。

我們之所以**容易受到同儕壓力的影響，正是因為我們處在精神不安定的狀態**。

假使同樣是在找路、去銀行辦事，只要保持冷靜，就不容易受到同儕壓力的影響。

但當我們稍微感到疲憊、睡眠不足、遇到討厭的人事物，就容易陷入精神不安定，甚至經濟不安定的狀態。這種時候，內心會感受到「身上背負著巨大的同儕壓力」而苦惱不已。

還有，有時候因為工作不順遂感到沮喪，一跨上自行車就忍不住在路上衝刺起來，沒想到卻被警察叫住大罵：「喂，為什麼沒讓行人先走！」甚至要求確認身分。

大吃一驚的同時，一邊心想，明明旁邊一部接一部自行車經過，「為什麼只叫我停下來？」太奇怪了吧……

正所謂禍不單行，**精神不安定的時候，承受同儕壓力的能力就會下降，這時就更加容易受到那些試圖施加同儕壓力的人影響**。

◎什麼情況下，換成你對別人施加「同儕壓力」？

另一方面，**我們精神不安定的時候，也會變得更容易對別人施加同儕壓力**。

最簡單的例子，就是肚子一餓、整個人變得焦躁起來的時候。

中午一到就飢腸轆轆，拿了便當在收銀機前排隊，排在前面結帳的女性卻忽然說「啊，忘了買那個」，就這樣將購物籃放在收銀檯，跑去架上拿商品。

當下心裡應該會想吶喊「喂~先結完帳再去拿吧！」但店內似乎又沒有禁止顧客這麼做……

每當看到結帳時拚命在錢包裡挖零錢的人，內心也會忍不住埋怨「難道沒發現後面還有一堆人等著結帳嗎！」然後與其他顧客一起投以同儕壓力的視線。

當然，我自己也有過掏零錢付帳的經驗。但當自己處在精神不安定的狀態，不知不覺間就成了緊迫盯人、對人施加同儕壓力的那種人。

◎「同儕壓力」其實都是腦電波搞的鬼？

進一步來看，為什麼精神不安定就「容易受同儕壓力影響」，或是「容易對他人施加同儕壓力」呢？

這和我們大腦的狀態有關。

人在精神不安定的時候，會產生過多的負面思考，但另一方面，大腦為了扭轉這種心態，又會出現過多的正面思考，讓精神處在上下起伏的不穩定狀態。事實上，這都是因為大腦中產生過多的腦電波所致。

當這股電波在大腦中充斥到無法忍受的程度，會像打雷一樣，向外表現出來，對身邊的人施加同儕壓力。

舉個簡單的例子，當自己處在社長的壓力下感到惶恐不安、鬱鬱寡歡，一旦發現屬下在工作上不小心犯了錯，可能會反應過度，對屬下大發脾氣。

承受同儕壓力的人也一樣，一遇上突發狀況，負面思考就變得相當活躍，這時內心為了努力維持正面思考，就會陷入焦慮不安定的狀態。

於是，這些人的大腦同樣也會帶電，就像正負電相吸引形成靜電一樣，**與身邊精神不安定的人的腦電波「啪」地產生反應，最終導致受同儕壓力影響、隨波逐流的狀態。**

用前面的例子來說，這就是我對不悅的上司所表現出的憤怒反應，產生了不安定的腦電波。

而且，一面處在不安定的狀態下，一面得承受同儕壓力時，不只會受到自己的腦電

〔大腦中的腦電波示意圖〕

對於精神不安定的人，同儕壓力會像打雷一樣在腦中轟鳴，
彼此吸引而相互影響……

波影響，也會在對方過多的電流影響下，讓精神變得更不安定。

因此，當我們面向同儕壓力，往往腦袋會變得一片空白，當下什麼話都說不出來，甚至出現消沉、擺爛的態度。也就是容易轉換成如同孩童的精神狀態。

不只如此，**隨著大腦中的腦電波變得更加活躍，那些承受同儕壓力的人可能會在不知不覺中向身邊其他人施加起同儕壓力。**

順帶一提，這時當事人並不會意識到自己正在對他人施加同儕壓力。

這是因為大腦中所充斥的過多腦電波無處可去，便自動往外放電，無法有意識地獲得控制。

就像大氣的電荷逐漸流失時向地面放電的閃電一樣，大腦中累積的腦電波自然會往更高的地方（更明顯的對象）流動。

精神安定的人不會感受到「同儕壓力」

◎也有人覺得「和別人不一樣也沒關係」

接下來要說明既「不會受到同儕壓力影響」，也「不會施加同儕壓力」的人，究竟是處在什麼樣的狀態。

若是和我們前面所提到的狀態簡單比較起來，這樣的人通常都是**精神處在安定狀態的人**。

那些精神安定、情緒穩定的人，大腦中的腦電波不會增加。

所以他們不容易陷入負面思考，也就不須要為了擺脫負面思考而強迫自己進行正面思考。

即使受到精神不安定的人施加同儕壓力，他們的腦電波也不會因為混亂而引發情緒不穩。因此不會感知同儕壓力。

大腦內產生的腦電波愈多，只要稍微承受一點點同儕壓力，就會像觸電一樣，以為排山倒海的壓力正朝自己而來。然而，**精神安定的人沒有過多的腦電波，就算面對那些累積過多腦電波的人所加諸的壓力，依舊毫不將「要是不和大家一樣，會不會被……」這種同儕壓力放在心上**。

◎你會看到截然不同的風景！

我自己雖然並不常感受到精神狀態安定時那種昂首自信的狀態，但也曾經明確地感知到精神上的安定平穩。

那就像發現精神上的虛擬貨幣不斷增值的感覺。

得知資產增值的那一刻，當然令人振奮，但稍微冷靜下來後則是鬆了一口氣，「這樣一來，就不用太過擔心生活開支了～」原本身上無形的壓力也頓時消失無蹤。

就這樣，內心神奇地變得平靜而安穩，成為不再感知同儕壓力的自己。

舉例來說，以前搭電車的時候，明明還沒上車就覺得焦躁不安，一心想著「上車之後得趕快找座位坐下！」但內心平靜的時候，就算排在隊伍裡也不覺得焦躁，有時還會**因為不焦躁的自己而驚訝不已**。

搭上車之後，車廂內擁擠不堪，每當有乘客擠到我身後，都會感到不滿，一邊想著「不要擠在我背後啦～」一邊暗暗朝對方釋放出不悅的氣場。可是**平靜下來的自己，卻再也不見這樣的情緒起伏，只會想著「真的好擠啊～」**。

而且，我發現自己不再受到周圍乘客的同儕壓力影響，也**不會因為人潮擁擠，就認定大家「都要站得更近一點才對」**。

這樣的安定與平靜感，也會出現在職場上。

在職場上，要是以前，可能常常覺得腦袋一片混亂，「啊！老闆交代的事得趕快

當精神變得安定，
同儕壓力的敏感度也會停止作用

做」「說要掃廁所到底是怎麼回事？」但平靜下來之後，卻會驚訝地發現，「咦，原本感到的不安與焦慮好像突然間消失了！」

走在路上也是，以前對於那些不和大家一樣走在右側、逆著人流走的人，總會忍不住皺起眉頭。

然而現在，雖然看起來就要撞上前方的人潮了，卻仍驚訝地發現，「精神安定下來之後，居然誰也不會撞上！」

我開始有了這樣的感覺。

精神安定下來之後，我終於恍然大悟，「想不到以前的我，居然因為承受著巨大的同儕壓力而老是焦慮不安」「什麼嘛！其實很多事根本沒必要這麼慌慌張張的」。

相較於精神不安定的時候，感受大為不同。

我深深感覺到，精神安定的人眼中的世界，完全是另一個樣貌。

◎這股安定感也會傳達給周遭的人

儘管如此，但很遺憾，我這些精神上的虛擬貨幣無法長期保值，因為很快又重返精神不安定的狀態。

這麼一來，我眼中的世界也變回了原來的樣貌。

走在車站月臺上的我，又開始擔心自己坐不到位子：「得趕快排隊才行！」情緒忍不住躁動起來。

走在路上，看到從人流相反方向走來的人，內心則會湧上一股怒氣，暗忖著「這傢伙難道是故意的嗎？」

在職場上也是，雖然主管一句話也沒說，卻總覺得有一道「那個工作還沒做完嗎？」的視線從背後射來。同時暗暗叫苦，「唉！感覺精神上完全無法休息啊～」覺得內心完全沒有了餘裕。

和精神安定時，在職場上的感受截然不同，我再次回到了對同儕壓力感到緊繃不安的狀態。

但也因為這樣，我更加渴望自己能夠再一次回到精神安定的狀態。於是，我發現了身邊原來就有這樣的同事，他們無論處在什麼樣的狀況下都能夠保持自我。

仔細觀察那些同事後我慢慢發現：「哇，那個人怎麼總是這麼鎮定！」「**因為精神常保安定，才能夠不受同儕壓力影響，按自己的步調工作。難怪他看起來總是很愉快的樣子。**」

那些同事在主管面前從不顯得畏縮。我從以前就很好奇：「他們為什麼能夠這麼專注在工作上呢？」

直到我短暫地感受到精神安定的狀態之後，察覺到一個事實：「因為精神安定，無論主管的心情好壞，都不會影響他們」→「所以他們不會苦惱於得奉承主管這種事，而是默默做好手上的工作」→「到頭來，他們反而成為主管最信任的員工」。

而且，我還發現了一件神奇的事。**只要和精神安定的同事相處，連我也能變得不再那麼緊繃，也不會因為承受別人的同儕壓力而覺得焦慮不安。**

精神安定的人可以一邊悠哉地打發時間，一邊將這種輕鬆的氛圍傳達給身邊的人。

我當時有點振奮，想著：「只要常和精神安定的人相處，就可以終結同儕壓力。」

你的精神安定嗎？

◎測測你的「同儕壓力」承受度

各位讀到這裡，應該都大致理解了精神面的安定與不安定，與容易受同儕壓力影響與否，有著極大的關係。

可是，**我們要怎麼知道自己精神安定或不安定的程度？這就是我在前面標題中提到的「同儕壓力」承受度**。

雖然開頭只提到了同儕壓力承受度有高低之分，但接下來，我會針對不同承受度的人們的狀態，為大家依序說明。

由於是依照題目內容逐一陳述，請大家確認問題後繼續閱讀即可。

◎第五級人的狀態

一開始就要介紹最容易受到同儕壓力影響的類型。這些人很容易處在精神不安定的狀態。

第五級的人通常不會發現，自己很容易在周遭人們的同儕壓力下行動。

例如他們在測驗時，對於「和別人一同用餐時，會覺得『得找話題聊天才行』」和「當別人犯錯，會想要告訴對方」這兩題，通常會回答ＹＥＳ。回答ＹＥＳ的人大多數是抱持著「對話中斷很尷尬」，或是「自己一定要指正錯誤」的想法。

但其實，這都只是在難以承受同儕壓力的氣氛下所採取的行動。

儘管如此，當事人並不會發現自己所採取的行動是受到同儕壓力影響，就這樣長期處在同儕壓力下，彷彿被制約了一樣，總是緊張兮兮地擔心自己做不好事情。

從「基本上是個膽小鬼」這一題也可以看出，**第五級的人之所以最容易受到同儕壓力影響，主要是因為精神不安定加上過度敏感的緣故**。

但是，為什麼我們沒辦法自己覺察到同儕壓力呢？

那是因為，第五級人經常處在精神不安定的狀態，沒有發現原來自己內心的不安定，正是讓同儕壓力乘虛而入的原因。

因此，就算是受同儕壓力影響而做出的行動，也無法區別到底是「自己想做的事，還是同儕壓力讓自己這樣做」。

於是在大多數情況下，人們會將基於同儕壓力而做出的行動「全部視為自己的意志！」背負起一切責任，直到再也忍受不了那樣的痛苦。

也就是說，**儘管大腦和身體在對於同儕壓力的敏感中逐漸累積看不見的壓力，卻因為精神面的不安定，而無法判斷自己是否正在承受同儕壓力。這種難以形諸於言語的痛苦不斷在內心囤積**。

就像這樣，第五級人，往往過著自我犧牲的人生。

◎第四級人的狀態

不同於第五級人，第四級人大多擁有「自己不善於應對同儕壓力」的自覺。只是**他們並不清楚，自己會因為同儕壓力變成什麼樣的狀態**。

因此，他們並不會變成總是將同儕壓力視為「自己的問題」，背負起沉重的同儕壓力，導致精神面愈來愈不安定的第五級人。

此外，由於精神也同樣處在不安定的狀態，每當遇見比自己強勢的人（通常是施加同儕壓力的人），也比較容易先回頭檢討自己：「說不定是自己做錯了？」

但總是將行事接物的標準交給他人決定，最終就會迎來「應該要這樣做才對啊」的另一種同儕壓力，過著無法自己決定的人生，精神也變得愈來愈不安定。

而且，因為沒辦法靠自己做出妥當的判斷，即使身處在「快受不了了！」的艱難處境下，也不會向他人求援。

同儕壓力讓這個分類的人「非得做（在施加同儕壓力的人眼中）正確的事不可」，

而且「不可以造成別人困擾」。**他們總是小心翼翼顧慮著周遭人們的目光而活**。

◎第三級人的狀態

第三級人知道自己容易感受到同儕壓力，但是會盡量嘗試避開這些壓力。

不過，雖然「不想和同事約吃午餐」，卻也會因為「沒人約吃午餐而覺得不安」，**寂寞以及害怕被孤立的不安，往往讓他們還是躲不開同儕壓力而懊惱不已**。

關於同儕壓力上身的原因，我已經在第一章向各位詳盡說明——「害怕被周遭人們捨棄的不安」，以及對此毫無所覺，怎麼努力都無法像「大人」那樣保持成熟心態，總是小心翼翼，沒必要推搪的時候卻一味卸責，將自身的不安定完全暴露在他人眼中，過著隨波逐流的人生。

而且，**正因為這些人對同儕壓力有所自覺，一旦心生不滿：「我都退讓成這樣，努力配合大家了！」就會在身邊的人毫無所覺的情況下，開始向他人施加同儕壓力**。

明明想躲開同儕壓力，內心卻在寂寞與害怕被捨棄中不斷拉鋸，怎麼做都無法擺脫精神不安定的焦慮感。

◎第二級人的狀態

第二級的人會適度地察覺同儕壓力，然後避開它。

話雖如此，但就像「一切不敞開心胸來說就覺得不痛快」這題一樣，任何事都想說開的態度，其實也來自**「受外部因素影響導致精神不安定，想要排除不安定」的心理**。

可是，那些真正保持安定的人，會像我們後面將談到的第一級的人，僅僅將目光放在自己身上，即便受外部因素干擾，也會盡力排除，而不會感到憤怒或嘗試逃避。既不多花費心思在那些壓力上，也不會為此感到不安，連無視的念頭都來不及產生，壓力就已被拋在腦後。

這就是第二級人與那些不受外部因素干擾，總是從容不迫、鎮定應對的第一級人的差異。

當然，比起第三～五級人，第二級人更能夠坦率地表達自我，所以比較不容易受到同儕壓力影響。

但畢竟不安定的因素還在，有時他們也會感到迷惘，內心甚至湧上「說不定隨波逐流也不錯？」的想法。

這時，當他們看到努力適應同儕壓力的人，會覺得這些人很厲害，總是試圖逃避同儕壓力的自己，根本遠遠比不上。

可另一方面，看著這些總是被強迫努力的人們，卻也心知肚明「那就是同儕壓力啊～」所以容易陷在不想和大家一樣患上強迫努力症頭的兩難困境中。

此外，**第二級人會盡量躲開同儕壓力的特質，也讓他們更能夠強烈感受他人的感受**。因此，他們往往不容易「真的享受」在某些事物或情境當中。

為了擺脫同儕壓力，他們會在努力覺察後遠離，內心的偵測器不斷運作，反而也遠離了隨心所欲按自己的方式活著的人生。

◎第一級人的狀態

第一級人的精神面很安定，所以幾乎不會受到同儕壓力的影響。

午餐時間不會刻意迎合大家，只吃自己想吃的東西，也不會因此從別人身上感受到「尷尬」「合群一點！」的同儕壓力。

他們做的是最自在的自己。

而這樣的作風，反倒具有讓周遭的人們從不安定狀態中安定下來的力量。

此外，**就算遭到別人謾罵，第一級人安定的身心也不覺得那是同儕壓力，只會當作是「無意義的雜音」，左耳進右耳出**。

就像這樣，他們不會特別去感受什麼。

他們就算認真傾聽別人訴說煩惱，也只會從好的意義上來解讀。

因為內心是安定的，所以不會主動扛起「我非得去做點什麼」的責任感。

也不會受到周遭一片「去做點什麼吧！」的壓力而感到動搖。

神奇的是，那些被第一級人當成耳邊風的事，往往在不知不覺間真的成了微不足道的小事，甚至好像根本沒發生過一樣。

主要原因是，當人們因為同儕壓力而變得精神不安定，不安定會在相互作用下擴大影響，反而讓問題變得複雜化，造成現實生活中的困擾。然而第一級人的安定感，會讓周遭不安定的人們變得安定下來，帶來「好像一切都變得很平靜」的感受。

那麼，要怎麼做才能像第一級人一樣，成為精神安定的人呢？下一節將為大家詳細說明。

成為「精神安定的人」的方法

◎不去揣測別人的心意

成為「精神安定的人」的方法，就是「不須要過度顧慮別人」。

所謂的不須要過度顧慮別人，換個說法就是「不須要刻意去揣測別人的心意」。

乍聽之下大家也許會感到疑惑，「咦？懂得照顧到別人的心情，就不會惹別人生氣，也不會承受同儕壓力，這樣精神還是無法安定嗎？」

但是，人只要嘗試去揣測別人的想法，「不曉得那個人覺得我怎樣？」就會開始對自己失去自信，腦中也會不斷浮現出各種負面思考，像是「說不定覺得我很差勁？」。

於是，接下來就開啟了無止盡的煩惱，怎麼做才能保持正面思考？怎麼做才能讓對方喜歡自己？……

但是，這根本沒有百分之百的正確答案。說不定連對方自己也沒有答案。或許所謂的正確答案，會隨著心境或情緒而不斷變化。

如此下來，只是讓身心不斷被折騰。

到頭來**變得愈來愈在意對方，精神變得愈來愈不安定；而精神不安定的自己，只會更容易受到同儕壓力影響**。

◎試著只關注自己的情緒

那麼，怎麼做才能在不去揣摩別人的心意下，讓自己常保精神上的安定？

答案是：只關注自己的情緒。

可能有人會質疑，「都不考慮別人，光是關注自己的情緒，這樣好嗎？」但會這樣想的人，就是因為平常過分在意別人的情緒，才讓自己變得不安定。

請大家從相反的角度來思考。

聽到「不去在意別人做的每件事，將注意力放在自己的情緒上！」時，大家腦中會先浮上什麼畫面呢？

想必很多人的反應是：「如果只想自己，腦中反而變得一片空白！」對吧？

人因為過度在意周遭的人們，將由此而生的一切憂慮和壓力都藏在心裡，等到嘗試切斷與別人的情緒聯結、只關注自己的時候，才赫然發現一時間居然什麼都沒在想。

事實上，像這樣**不去特別感受什麼、不去特別思考什麼，最原始簡單的自己，就是我在前面反覆提到的「精神安定的狀態」**。

◎是要保持安定？還是高潮迭起？

「內心什麼都不想」的狀態，或許在不安定的人眼中少了點趣味。

但要關注的並不是自己所察覺的別人的情緒，或對誰湧上的怒氣，真正的安定，來自於只關注「（沒有別人情緒介入時）自己的情緒」。

透過他們口中那些高潮迭起的經歷或故事，可以吸引聽眾靠攏，聽眾的情緒也會隨著其中的困境與不幸激動起伏。可一旦少了那些困境或不幸，一切會變得怎樣呢？想必日子變得再乏味不過了吧。

人生也是如此。

許多人會不自覺窺探別人的臉色，或是受到別人所擺布，都是下意識不願乏味生活，而寧可過著品嚐酸甜苦辣的人生。

相較之下，那些處在安定狀態的人們只關注自己，周遭變得怎麼樣、周遭的人又是怎麼看自己，他們全然不關心。說到底就是對別人的事不感興趣。

這說不上什麼領悟或頓悟，單純只是「比起別人的事，更關注自己的情緒」，內心保持在平靜無波的狀態而已。

重要的是，能夠接受這種安定狀態，也就是情緒不動如山、看似毫無變化的狀態。

即使同儕壓力來襲，也能從容面對，既不會變得不安定，也不會刻意反抗。

這樣一來，就不會再從任何人身上感受到同儕壓力。

◎「適度的自我中心」就好

精神安定的人還有一個特徵，那就是在生活中會保持「適度的自我中心」。

如果生活總是繞著別人打轉，往往會因為「為什麼都是我在顧慮大家的感受」，而無來由感到憤怒，也容易在不知不覺中釋放出同儕壓力。

另一方面，如果能夠保持適度的自我中心，就不會因為老是不滿地抱怨「為什麼要忍耐成這樣」「為什麼只有我」，而讓身心處在不安定的狀態。

「明明希望他這麼做」——這些人不會對他人懷有這樣的期待，也不會試圖以同儕壓力來改變周遭人們的行動。

而且，不對旁人施加同儕壓力的人，不僅不會被大家討厭，精神也能慢慢變得安定下來。

這就是「即使保持適度的自我中心，也無須承受同儕壓力的人生！」

◎不「關注他人」的勇氣

但我想，各位讀到這裡，其中應該也有些人難以接受我的觀點。

大家可能會想，「如果過著自我中心的人生，難道不會被其他人討厭，導致身心更難安定下來嗎？」

可是**當你顧此失彼的時候，最終還是會重拾「還是得顧慮周遭的人」的生活方式**。

所以，不妨從現在就鼓起勇氣，切換自己的關注模式吧。

請從當前家喻戶曉的名人中，找出一位以「不受他人所囿，自由自在度日」這種態度生活的人，來作為自己效法的對象。

你眼中的他，會因為優先顧慮他人的言行而壓抑自我嗎？

或是正面與人針鋒相對嗎？

答案想必是否定的。

那麼，這樣的人，不也是只將注意力放在自己身上的人嗎？

他們並不會迎合周遭，只是明確地表達出「我就是這樣的人」，對吧？

重視自己的情緒，不隱藏真正的自我，互動的另一方反倒會覺得「○○先生不是會做這種事的人呢」「本來就不應該向××先生要求這種事」，而加以體諒吧——。

連平常總愛施加同儕壓力的人，一站在這些人面前，個性似乎也神奇地變得溫和起來了呢。

明明做的是同樣的事，總是擔心被發脾氣的人，以及往往被大家一笑置之、也不會感受到壓力的人，差別就在這裡。

◎只須要對自己負責

歸根究底，精神安定的人會覺得「我就是我」，「我」只須要對自身的感受負起責任，過上簡單平靜的生活就好。

如果連別人的情緒或感覺都得背負在身上，一旦發生什麼事，自己就找不出正確答案，懷著「怎麼做比較好？」的忐忑，就會開啟無止盡的負面思考。

可是，一旦我們下定決心，只關注自己的情緒時，就會發現「那個人只是從各種各樣的方式中選擇『憤怒』的態度」「對方要怎麼做是他們的自由，我並不須要負起掌控這一切的責任」。**因為自己與他人之間拉起了一條明確的界線，即便產生負面的感受，原先的不安感也會逐漸消失。**

一旦表現出「我就是我」的自我中心態度，就「不會對他人抱有期待」，在這樣的前提下，**就算相處上哪裡感覺不愉快，也會覺得「是我自己解讀的問題」**。

如此一來，既不會因為別人生氣，也不會老是對周遭感到不滿。

不須要對周遭過度主張、堅持自己的想法。正因為自己才是生活的重心，所以也不需要去改變周遭人們的想法。

也許會因此被很多人批評「太獨善其身了」「好沒責任感」「真是冷淡啊」。可是「安定」的本質，就是「對自己好好負起責任」。**不須要特別做什麼，也沒必要責怪別人，淡然地過好日子，不與周遭牽扯複雜的情感，就能常保內心的安定——**。

而別人也不會被這樣的你所激怒或感到礙眼，你也能因此在生活中保留下一塊「不受同儕壓力干擾」的喘息空間。

「淡然地過好日子」——這樣的感覺就是「安定」。

在那些經常受同儕壓力所擺布的人們眼中，這種「不受同儕壓力干擾」的生活，好像「少了點什麼」。

可一旦習慣了之後，就「再也回不去得和同儕壓力共處的人生」。

是的，**處在安定狀態的人，不會過著受同儕壓力擺布的人生**。

◎了解什麼是「安定」之後，翻開解答篇！

在這一章，我們介紹了「為什麼人們總是受同儕壓力所苦」，並且提出「精神面不安定」與「內心安定的重要性」兩個重要的主題。

此外，各位透過「同儕壓力承受度」的測驗，確認了自己內心的安定程度之後，最後則分享了達到「精神面安定」的狀態與思考方式。

在下一章，我會將第一章到第三章的問題進一步延伸解決，並且介紹擺脫同儕壓力的訣竅。

不過，人們很難改變自己一直以來的生活方式，所以我要分享的是「當同儕壓力襲來」，可以有效應對的各種技巧。

Chapter

4

不管是誰都可以擺脫「同儕壓力」的泥淖

由自己做主，「不被自己的情緒給淹沒」

◎從「被瞧不起了！」「想要獲得共鳴！」的情緒中畢業

我在前面的章節中，一一解說了同儕壓力的本質、成因，以及為何會因為同儕壓力感到痛苦的理由等。

我們可以從中得出一個結論，那就是**擺脫同儕壓力的第一步，就是「不被自己的情緒給淹沒」**。

舉例來說，你覺得「今天工作得有點累，想要早點下班」。

可是這時你忍不住擔心，其他同事看到你準時下班，會在你背後說些「工作沒做完就跑了！」這種閒話。這麼一想，只好打消了早下班的念頭。

而且，因為主管也屬於加班型員工，你更加感受到了他的態度和其他同事一樣，「大家都還沒下班，你也應該留下來加班才對！」

這也呼應了我在前面和各位提過的，**當你優先考量的是他人的情緒，就不可能擺脫同儕壓力**。

那麼，要解決這個問題——雖然這樣說對各位的公司有點失禮，但想必每家公司裡都有可以仿效的範本人物。

請試著找出這樣的同事，並仔細觀察他。

沒錯，**因為準時下班型的人其實並不在意每一位同事的眼光**。

這不僅僅是在意別人輕視的目光。

也同於像是站在周遭人的立場，「想一下對方的心情」。

與前述一樣，想著「今天好累，好想早點回家喔」時，若顧慮起：「那個人忍著身體不適工作，要是健康的我先回去了，大家會怎麼想？」「那個人家庭情況似乎很複雜，卻還是拚命工作」，就說不出口「我先回去了！」

各位是否也曾想過：「要是不用顧慮別人是怎麼想自己的，不知道會有多輕鬆？」「要是可以不用去在意他人，不知道會有多舒暢？」

也就是說，**如此在意周遭目光、對周遭的人擁有同理心、情感外露，雖會讓他人覺得「自己是個好人」，但相對地，各位將更無法擺脫同儕壓力**。

◎「他人目光」與「同理心」是會錯意？

像這樣「他人目光」與「同理心」的組合，在許多時候都是導致同儕壓力的原因。

例如，有高齡人士搭電車時，雖然自己是坐在離老人家稍遠的地方，但是否也會感受到同儕壓力呢？這也是因為「周遭人是怎麼看待坐著的我呢？」這種他人目光與「他好像好累想坐著休息，但附近的人都沒有要讓座，感覺有點可憐呢……」這樣的同理心組合在了一起。

可是實際上，也有人碰過說著：「這裡有位子喔！」並站起來讓位給高齡人士，結果卻被拒絕：「我馬上就要下車了，沒關係的！」之後，車內氣氛莫名變尷尬的情況。

也就是說，不論自己是感受到了「他人的目光」還是感受到了「同理心」，其實那都不過是自己自以為是的想像。

乍看之下會覺得是滿滿的體貼與親切，但反過來說，就是擅自認為他人的想法是「他應該是這樣想」，不過是種傲慢。

即便是如此，卻仍不斷揣測著對方的心思，自己的情感就會一直搖擺不定，不斷被情感的波浪給吞沒、溺斃。

重複這樣的情況，就是陷入同儕壓力沼澤中的狀態。

◎不要對他人的情感做出越權行為

那麼為什麼無法擺脫這個「他人目光」與「同理心」？

因為**在父母與學校的教育中，都會教導我們「要站在對方的立場考慮」**。

可是結果就如前述，愈是考慮對方的情感，自己就會愈不安穩，因為會受到同儕壓力而活得不像自己。

另一方面，或許因為國外及歸國子女們的父母以及學校教育教導了他們提出自我意見的重要性。

因此比起許多日本人，他們更不會因在意他人目光而退縮、不會因同理心而行動，他們會強調自我、重視自我。

而正因為這樣的態度才能成為擺脫同儕壓力的根本。

這就是在第三章精神上安定中也說過的**「別對他人的情感負責，要對自己負責」**。

換句話說，「不要對對方的情感負責」就是「對方的感受，是對方自己要那樣想的，我沒必要負責」。

或許也有人無法一下子就想明白，會疑惑著：「我在在意他人眼光時，是因為覺得對他人的情感有責任？」那就請試著回顧一下。

你對對方憤怒或悲傷的情感會覺得「很抱歉」或「得要做些什麼」，就是有感受到了責任。

因此這時候試著這樣想吧。

「對方的感受是對方的東西，我可以不用負責！」

總是會為了點瑣事就覺得有責任，想著「非得做些什麼不可」，情感動搖不定，才會陷溺在那情感中，感受到同儕壓力而痛苦。「可以不用為對方的情感負責！」只要給出這樣的許可，就不會感受到同儕壓力，自己的內心就會安穩下來。

沒錯，誰要感受到什麼，那都是對方的感受，所以是對方的自由。

只要在對方的情感與自己的情感之間畫出界線，
就不會受到同情與顧慮的影響

試著大聲說出「我沒能離開父母！」

◎自豪於自己「是機靈的人」的結果……

要能擺脫掉同儕壓力的第二個步驟是，捨棄掉「機靈」的自己很棒這個想法。

我自己以前會認為「在意他人眼光」或是「考慮到對方的心情」這些事是在社會生活很重要的技能。

因為透過注意他人目光並在當下做出恰當的應對，或是觀察對方的心情並搶先伸出援手，能獲得組織內及周遭人「那個人真是機靈」的好評。

因此，若是有人生氣或是感到煩躁不安時，我就會認為：「啊！是因為我的關係嗎？」把對方的情緒當成是自己的責任，而且覺得「我是很體貼的人啊！」「我是很有責任感、很了不起的人！」

可是我為什麼會這麼想成為「機靈的人」或是「對他人情感也負起責任的了不起的人」呢？我在心中逐漸浮現出這疑問。

話說回來，在當著「機靈的人」以及「連對他人情感都感到該負責」的過程中，我的內心逐漸變得不安定，因為察覺到自己揹上並遵循起了同儕壓力。

的確，以前的我認為「只要遵循同儕壓力（雖討厭但只要服從、依順有力的人），工作上就會成功，在社會上應該也會出人頭地」。

不過，若自己因為想著為了能在品格上、社會上都有所成長、成功就在意他人的目光、覺得要對他人的情緒負責，就會變得不安定並面臨到同儕壓力，自己將會變得無法隨心所欲生活而痛苦不已。

儘管如此，我卻始終相信「這分痛苦・考驗・忍耐會讓我成長，會為我開啟前往成

功的道路」。

然而我卻面臨到了「奇怪？即便背負著同儕壓力而痛苦，卻一點都沒有成功！」的現實。

若想當個好人而被人利用並且因為同儕壓力而導致悽慘不堪，才會像條破布般被丟棄。這分痛苦真能讓我成長嗎？不如說內心不安定、總是反覆著如孩童般發怒、恐懼，一點都沒成長才是現實。

沒錯，做為一個善於體諒人的人而活，結果就是外表看起來是很了不起的大人，但內心卻是個「孩童」，十分的不安定且怯懦。

◎在意他人目光＝在意父母目光

明明努力做到「機靈」，卻一點好事都沒發生還讓心靈變得傷痕累累，因此加強了「為什麼我總是要對上司的情緒負責、忍耐同事的任性以及來自朋友的壓力呢」這樣的想法。

於是某次，在步上成為諮商心理師之路的過程中，我忽然察覺到：「啊！因為我沒能離開父母啊！」

「背負同儕壓力」這件事本身就是「父母視線」的替代品。

這完全就和在第一章的「兒童」化以及第二章的腦內荷爾蒙所說的一樣。

我自己在孩童時代就會不斷被父母責罵道：「對人體貼點」或是「你為什麼那麼不負責任啊！」或是「為什麼總在浪費錢！」

漸漸地，我變得非常在意「父母的目光」，即便只是買一個橡皮擦，也會強烈地注意到「母親會怎麼想呢？」

然後連進入青春期要選擇社團活動這種大事也一樣，我依舊會「去找母親商量」。因為當時我認為「母親會否決」。

可是，當我突然想起這些回憶，卻突然發現一項衝擊的事實：「那就是在依賴母親啊！」

從小時候起，我不論做什麼都很在意雙親的目光，那其實是「因為很依賴父母」，

但這點我自己卻沒察覺到。

因為從小時候起我就一直這樣做，所以對自己來說，「依賴父母」是很自然的。

直到長大成人，我雖想著要「離開父母」，但其實**只是「在意他人目光」這點取代了「在意雙親目光」而已**，我在精神層面上根本沒有離開父母。

此前，在日常生活中，我一直有個疑問：「為什麼我會覺得要對他人的情緒負責呢？」

但那其實是因為看到了易怒且經常嘆氣的父母，讓身為孩子的我覺得「都是因為我讓雙親痛苦」或是「我讓父母生氣了」而認為自己要對父母的情緒負責。

而且，因為依賴父母，就無法區別雙親與自己的情緒，會認為是「自己不好」。

因此，我察覺到了一件很不得了的事，亦即，**感到自己要對他人的情緒負責時，就只是將「依賴的人從父母改換成他人而已！」**

◎讓自己擺脫同儕壓力的魔法話語

以前的我會認為「能對他人的情緒負責真了不起！」

可是這其實只是和依賴雙親一樣，將依賴對象從雙親改換成了他人。

認為「在意他人目光而體貼」或是「對他人的情緒很敏感」很美好的背後，可以看到「無法離開雙親，在精神上依賴雙親！」的現實。

可是，正因如此才更要試著反過來想。覺得很在意他人目光的瞬間，**可以反過來想著：「啊！這樣的情緒只是因為無法離開父母才湧現的呢」**。

「那個人為什麼生氣呢？」若因為覺得他人的情緒是自己的責任而痛苦時，就要想著：「啊！這是因為自己沒有離開父母，所以才會有這樣的感覺啊！」

即使只是這樣大聲說出，就能讓遵循同儕壓力的自己獲得解脫。

而我也理解到，「原來我是將依賴對象從雙親換成了其他人啊～」

大聲說出：「我沒能離開父母啊！」
容易讓自己不再去在意他人的目光

或許各位會覺得這方法沒什麼了不起，但只要察覺到這點，就能清楚知道何以離開雙親是減弱同儕壓力的原因了。

只要成為「透明人」，一切都會很順利

◎失焦練習

因為不洩漏情緒，察覺到「原來自己沒能離開父母！」並畫出「我是我、其他人是其他人」的線來，就能擺脫對同儕壓力束手無策的自己。

話雖這麼說，但和想著「自己過度感受了」且能控制的情況不一樣，也有情況是能讓人想著：「這怎麼看都會形成壓力呢……」而明確降低來自他人的同儕壓力的。

因此，當感受到更強烈的同儕壓力時，建議成為「透明人」。這是擺脫同儕壓力的第三步。

以前，我在夏天去游泳池時，會鋪上野餐墊，和朋友一起在游泳池邊度過。

結果一回神才發現：「奇怪？什麼時候變得這麼多人了？」在野餐墊周圍一片都擠滿了人，在稍遠處還有人排隊在等空位。

看到那些排隊的人時，我覺得他們看起來好像很煩躁，感受到「不要那麼悠悠哉哉的！都排這麼多人了，快給我滾啊！」同儕壓力的我，於是變得很不安定。

可是不會感受到同儕壓力的朋友則是仰臥不動。

我看著朋友，不可思議地想著：「在這種混亂的情況下，對面都有人排隊了，一般來說不都該會感到焦慮嗎？」

不過，只有我一個人不知所措也沒用，所以就學朋友仰躺在野餐墊上，看著天空。

結果我發現，「只要看著天空，就不會看到任何人了」。

我驚訝地想著：「奇怪？剛才所感受到的焦慮，以及來自排隊人群的不安定都消失一空了！」

雖然想著，「一般來說，處在這樣的混亂中應該會感到不安定的吧」，但抬頭看著藍天一會兒後，我發現「或許我其實什麼都沒感覺到」。

當然，耳朵還是能聽見從泳池傳來的吵嚷與尖叫聲。可是，**只要不去關注像這樣會感受到同儕壓力的事實，並試著去想：「我什麼都沒感覺到。」就會覺得自己好像變成了透明人似的。**

◎情緒本身就是「同儕壓力」？

和這個泳池的例子一樣，自己之所以會覺得「同儕壓力很厲害！」其實不過是自己心中的想像。

自己心中所有的「被排隊的人盯著看，當然會感受到同儕壓力並變得不安定」這個常識，自動在心中造成了不安定。

我的朋友沒有這常識，所以才不會焦慮。

而「同儕壓力好厲害！」也是我自己心中所有的常識所製造出的，我發現，只要察覺真正的我「什麼都沒感受到」，內心就會平靜下來。

這個**自己內心的常識很是棘手，有扭曲我們感受方式與接受方式的力量**。

大家是否在無意識中有著如下的常識呢，像是「生病時就該表現得孱弱不堪」或是「被對方責罵時應該會動搖」等。

可是這些不過是自己內心的常識。證據就是下次被某人責罵時，請試著大聲說出「我無須動搖」。或許連此前會感到動搖的人都意外地會泰然自若。

亦即，若硬要說，**那我們就只是受到了常識性的東西所支配，認為「面對A這個事實，理所當然會感受到B的情感」，並做出了那樣的表現罷了，但真相「其實是什麼都沒有感受到」**。

因此，像是「被伴侶甩了應該要悲傷」也是因同儕壓力所製造出的情感，「其實是一無所感」。之所以有人「以為大受打擊，意外地竟不感到悲傷！」也是同理。

沒錯。**因為常識而認為「必須要悲傷」或「非得要感受到寂寞」，並表現出哭泣、痛苦，其本身其實正是「理所當然會有此感受」這樣的同儕壓力。**

◎「其實什麼都沒感受到」的無敵狀態

我們以為自己感受到的「情感」其實大多都是來自於同儕壓力，只要試著想成是「其實什麼都沒感覺到」，就能擺脫同儕壓力。

再加上試著想一下「其實什麼都沒感覺到」，就不會注意到有人對自己施加同儕壓力，也能成為不會被那些人注意到的「透明人」。

這就有點像是不同頻率所以無法感知的聲音。

會施加同儕壓力的人最喜歡那些只要說些什麼、給點壓力就會做出反應的人。因為對自己有反應的人，才有施加同儕壓力的價值。

與之相對，不論投來什麼球都若無其事，「其實什麼都沒感覺到」的人，因為沒反應，所以甚至不會被認知到有這個人在。這麼一來，最後那種人就會被忽略。

因此，**「其實什麼都沒感覺到」的「透明人」狀態，對同儕壓力來說才正是最厲害的武器**。

即便有同儕壓力，也可以用
「其實什麼都沒感覺到」來無效化

不過，**成了「其實什麼都沒感覺到」的透明人後，忍不住會覺得「別人不把自己當一回事，好寂寞」。**

這也是因常識而產生的感覺，因為「什麼都沒感覺到」就容易被忽略。但這其實也不過是「不被其他人當一回事，應該會感到寂寞」這類的同儕壓力的陷阱。

寂寞根本不存在，什麼也都沒感受到。

順帶一提，反過來說，「若是成了透明人能躲過同儕壓力，就會感受到自由」，也是來自「新的常識」產生的感受。

雖然很難懂，但「什麼都沒感覺到」是真實，試著往下深掘，就能看見「其實什麼都沒感覺到」的本質。將到達「以為自己感受到了不安、緊張、憤怒，其實那只是因為同儕壓力而自以為有感受到的！」這樣容易令人誤會的有趣現實。

因為是容易令人誤會，所以到此，就算不了解也無所謂，但像這樣因為「其實什麼都沒感覺」而成為透明人，就能無視一切的同儕壓力了。

試著去想所有的一切都是「虛幻的世界」

◎一切都能被重新改寫！

感受到各種情緒時，只要大聲說出「其實我什麼都沒感覺到」，就會知道「啊！那也是因同儕壓力而有的感受呢！」能乾脆地擺脫同儕壓力。

若是成了「其實什麼都沒感覺到」的透明人，也不會因同儕壓力而感受到「不被任何人當一回事，所以好寂寞」，就不會覺得「寂寞」。

即便覺得「人不是必須要依靠其他人嗎？」也能看出那不過是同儕壓力。

話雖這麼說，若面對「我不需要任何人！」這種感覺也能大聲說出：「其實什麼都沒感覺到」，就能看出「啊！這其實也是因為這本書這樣說我才會這樣想，其實與自己的感受並不一樣！」

這樣的感覺真的很不可思議。

沒錯，**將「其實什麼都沒感覺到」更為延伸出去，一切都能改寫**。知道這點是擺脫同儕壓力最後的第四個步驟。

◎改變行動與自我形象！

試著擺脫同儕壓力後，就會察覺「此前自己只是因為同儕壓力所產生的不安而動搖罷了！」

而**試著擺脫同儕壓力後，神奇的是，行動也會改變**。以下試著來稍做說明。

假設你認為「只要待在家就會懶懶散散」。

可是在此先試著如前述般大聲說出「其實什麼都沒感覺到」，如此就能擺脫「因為有A這個現象，理所當然就會感受到B」這個同儕壓力，理解到「待在家就會懶懶散散，無所事事」這個不安是來自於同儕壓力、如同洗腦般的東西。

只要察覺到這點，並淡然地看待眼前的事，就會和之前不一樣，不會懶懶散散，身體會自動行動起來。

此外，**因擺脫了同儕壓力所起的變化不僅限於行動，也會改寫自我形象**。

因為「雖然覺得自己做的事沒什麼大不了，但或許那是因為看不見的社會同儕壓力，才會覺得『只做了這點事，不可以覺得自己很厲害』。」

可是，若因此允許自己能拿出如優越感的感覺，像是「能淡然看待眼前事物的自己，真的是很厲害呢！」就能比以前更享受沒享受到的工作。

沒錯，**只要大聲說出：「其實什麼都沒感覺」↓擺脫同儕壓力的洗腦↓能覺得「我或許很厲害！」↓眼前的事物變得愈來愈有趣，自然就會變得極其快樂……透過這樣的流程，就能改變自我**。

只要了解這項機制，就能理解，自己認為的事或許全都是虛幻的。

只要察覺「我很沒用」或「我記性很差」「不論做什麼事都無法立刻上手」的想法

都是來自於看不見的同儕壓力，並能認可自己很優秀，就能**發現藏在同儕壓力背後的真正自我**。

◎也能改變與人的交往！

關於這個改寫自我形象，也能活用在溝通上。

例如覺得「自己很怕生，其他人很恐怖」時，只要大聲說出「其實什麼都沒感覺到」，就會發現自己只是背負上了「一定要覺得人很可怕」這樣的同儕壓力。

因為沒有離開雙親，感受到的是躲在雙親背後的怯懦感，所以才會處於覺得人很可怕的狀態。

因此，只要試著擺脫那樣的想法，並改想成「或許我還滿喜歡與人說話的！」享受與人的對話，就能自由地說出自己想說的話，甚至能磨練身而為人的綜合能力。

此外，在與人的應對中，覺得「不可以討厭他人」或是「不可以看不起他人」也是，只要大聲說出「其實我什麼都沒有感覺到」，就會察覺「那也是因為同儕壓力才有的想法！」

而**若是擺脫了同儕壓力，「一定要做……」的想法就會消失，面對所有人時，關係都會對等，且反而會覺得「沒有討厭的人」**。

而且就算很討厭，只要想著「其實是什麼都沒感覺到」，就能以堂堂正正的態度去面對任何人。

於是，當對方面對到「其實什麼都沒感覺到」的人，不論如何施以威壓都沒有任何效果，就無法對不安定的人施以同儕壓力。

這麼一來，**會施加同儕壓力的人就會忽略各位了，於是就沒有人會被施以同儕壓力，回過神來後就會發現：「奇怪？不知道從什麼時候起，同儕壓力就沒了！」**

而且因為擺脫了同儕壓力而能靠近愉快的同伴們，並一起淡然地在各種事項上獲得極大的自由。

◎眼前的事變得愈來愈快樂！

因為擺脫了同儕壓力，就能深入掌握各種事，這是非常有趣的。

因為只要察覺到此前「不知道想做些什麼事」也都是因為同儕壓力而來，就能改變認知，改想成「眼前的事都是想做的事」。

話說回來「想做的事」本身就是來自於世間的常識——同儕壓力，所以只要試著擺脫，就會知道「想做的事即便不是特定或特別的事也可以！」

如此一來，便能稍微感受到眼前所做事項的優越感，一邊淡然地樂在心中，並漸漸擴展到極致。因為擺脫了同儕壓力，就不須要去和人比較自己下決心要做的事。

只要不去與人比較，就更能在享受中將該事做到極致，不知不覺間那就會成為自己的自信，不論別人對自己施加多少同儕壓力都能不為所動。

而只要擺脫同儕壓力，讓自己的內心安定下來，心靈就會不斷湧現出能量，並獲得回春感。

沒錯，**「人會隨著年齡的增長而衰弱」這件事也是世間的常識，是周圍施加的同儕壓力，所以是最好理解的**。

只要擺脫這樣的世間常識，就會覺得「自己的內心不斷湧現出能量來！」想去挑戰新事物，而愈是去挑戰新事物就愈是回春，就能擺脫時間上的常識。

因為擺脫了「一定要達成某種目標」這種同儕壓力，就能專注在有趣的事情上，而在做那些有趣事情的過程中，就會覺得「咦？或許自己連這種事都能做到！」在不知不覺間實現了兒時的夢想。

◎要想解決，就試著把同儕壓力當成友軍吧

以上，在這章中已經告訴了大家擺脫同儕壓力的方法。

可是還有一種方法沒說。

那就是「所謂的同儕壓力，完全是不好的嗎？」

閱讀到此的各位，應該都有察覺到，一切事物都是因為同儕壓力，而讓人被洗腦成「自己就是這樣！」「社會就是這樣！」「世間就是這樣！」

那麼，「所謂的同儕壓力是……」

因為一切都是虛幻，只要用「其實什麼都沒感覺到」重新設定，應該也會有其他看待同儕壓力的觀點。

因此在最後的章節中，我就要來告訴大家將同儕壓力變成自己友軍的方法。

Chapter

5

「同儕壓力」也可以成為友軍

「同儕壓力」不是只有負面影響

◎若完全沒有「同儕壓力」就會變得無法無天？

到目前為止，都是將同儕壓力視作負面意涵來進行解說，以做為給現正痛苦的人的處方箋。

同儕壓力帶給人的力量很大，首先，若不是要當個壞人，就無法擺脫。

可是，實際上，我們不能將同儕壓力一概都視為不好的。

正如我們所感覺到的，**同儕壓力是會產生出道德心與倫理觀的**。

道德心與倫理觀就是禮節、規矩、道德。

為了能維持讓彼此都舒適生活的環境，遵守這些禮節有很大的效用。

為了不帶給人不愉快的感覺，規矩也很重要。

而要能不互相傷害，彼此間的道德就是必不可缺的。

◎如果把「同儕壓力」比喻做河流……

同儕壓力會讓上述的重要性滲透到人們心中並做出適當的引導是事實。

若是**將同儕壓力比做河流**，**將世界比做水**，或許會很有趣。

因適度地存在著同儕壓力這條河流，才能淨化我們所生存的世界的河水。

河流會衝擊從以前就在河底滾動不休的大石頭，因此能透過石頭與沙粒來過濾水。

對過濾水有大作用的石頭，就可以看做**像是道德**一樣的東西吧。

因為這個大石頭，水面出現了起伏，空氣中的氧氣也因而融到水中，讓水得以活性化，成為生物能居住其中的潔淨水。

此外，禮儀、禮法等禮節也會淨化河水，會成為河底的凹洞。水流所搬運的汙泥會沉落在河底的凹洞，除去淤泥的河水就會變得乾淨。

而且，不會造成人不愉快的**規矩，就像是在河川中附著在從以前就滾動不休的石頭上的藻類**。

附著在河川中石頭上的藻類也肩負著過濾河水的作用。

適度的同儕壓力就像這樣會產生出平緩的水流，並且因為有著道德、禮節以及規矩而淨化了我們所生存的世界，打造出生物能生氣蓬勃居住著的澄淨河川。

那麼若同儕壓力變得如大氣不安定或暴風雨來襲時那般激烈，導致這個淨化系統失去作用時，又會發生什麼事呢？

水當然就會變渾濁。

河川中的大石頭會產生出濁流，讓水更混濁。

河底的孔洞會形成漩渦，將所有東西拖拉進河底進行破壞。

而激烈的同儕壓力之流也會刮掉附著在石頭上的藻類，因無法透過藻類過濾，水就會變得更混濁。

就像這樣，同儕壓力之流一旦變得過於激烈，水會變濁，讓人無法看清前方，變得沒有希望。

又或者令人一邊恐懼於被漩渦捲進河底遭受破壞而無法生存。

因為水流湍急，水不會被過濾，所以一定會愈來愈混濁且呼吸困難。

若是這樣，那麼完全擺脫了來自世界上的同儕壓力，情況又會如何呢？

這也會使水腐敗。

若水不流動，就無法過濾，無法有氧氣融入。接著，河川底就會不斷堆積汙泥。

而汙泥會腐敗，在河川底就會產生沼氣，開始往外散發惡臭。

這麼一來，環境就會變成是只有能生存在淤泥髒物中的生物能存活下來。

總之，若沒了同儕壓力，也會完全失去來自禮節、規矩、道德的過濾，而這樣的世界會擴大，要能在這樣無法無天的世界中生存下來，就須要有強韌的精神力。

只要像這樣把同儕壓力想成是「河流的壓力」，就稍微變得容易想像了。

同儕壓力若過強，水會變混濁，成為難以生存的環境；若沒了同儕壓力，水又完全沒被淨化，會變成滿是淤泥的混沌世界。

因此，**適度的同儕壓力就是透過道德、禮節、規矩等讓人容易生活，把環境整頓得舒適，並產生出擁有希望的世界，這點也是事實**。

只要去看看各國與各地方，都會有令人感到「這條街是同儕壓力很強的地區！」的地方。若是適度的同儕壓力之流，會讓人覺得「真是個住起來舒適方便的地區呢」，但若同儕壓力稍微強了些，就容易讓人有「哇~或許這裡住不了人」這樣的感受。

另一方面，完全沒感受到有同儕壓力的地區，則會讓人覺得如置身險境：「住在這裡或許很危險！」

因此，**同儕壓力不全都是不好的，某種程度的同儕壓力是能將環境整頓成容易居住所不可或缺的**。

而這個**同儕壓力之流的強弱，會受到國家、地區的經濟變化所左右**。經濟與政治愈是不安定的地區，同儕壓力就會過度增加，有可能會奪去、破壞居住當地的人民自由。

發生災害或事件時，也會對當地居民產生精神上的影響，使之不安定，所以同儕壓力的強度會增加，不知不覺中就會傷害、奪去某些人的自由。

因此，剛剛好的同儕壓力其實很難做到，因為它就像雙面刃，既能淨化環境，相對地，也能破壞環境。

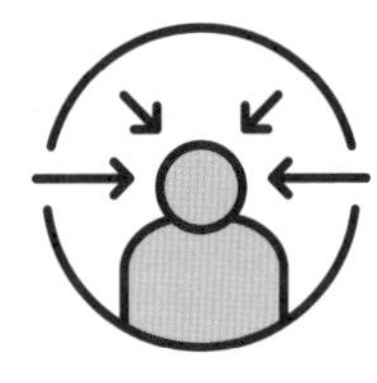

積極使用「同儕壓力」，也能提升組織力

◎壓力會傳播

為了不讓社會變得無法無天，一定程度的和緩同儕壓力是有助益的，這點前面已經說明過了。

這邊則要告訴大家，如何用好的方式活用同儕壓力。

我是在美國唸書時察覺到同儕壓力的厲害之處。

起因是在物理課時，某位擁有麻省理工學院博士稱號的嚴厲教授，做出了罕見的發言：「以五人為一組來解開這條計算式，實驗成功的組別就可以回家囉！」

該名教授在授課時總是很認真，所以完全沒想到他會讓人早點回家。

可是我加入的那組說：「大家一起分擔計算，讓我們比所有人都早二十分鐘下課，好讓教授大吃一驚！」然後大夥就聚集起來，立刻開始將計算分配給各組員。

於是，我也因為感受到「自己要是算錯了，會給其他組員添麻煩」這樣適度的壓力而提升了計算的速度。

結果，漸漸地，周遭組員也提升了解題的熱情。

在重新修正並確認沒錯後，當我舉起手說：「完成了！」其他組員也同時舉手說：「完成了！」大家於是拿著計算去到教授跟前開始實驗。

可是，教授沒想到我們會這麼快做好，所以一臉輕視我們的說：「你們太快了，所以這個實驗絕對會失敗的唷！」

然而我拜託教授讓我們做實驗：「不，教授，請看一下！這完全是符合計算的！」結果真的只花二十分鐘就成功了。

順帶一提，有的組別即使花了兩小時也沒能做成功這實驗，晚我們一組的組別最快也花了有一個半小時左右，所以可見其難度之高。

此外，在另一天，大學舉辦了排球賽，喜歡排球的我莫名地加入了與其他所有成員都互不相識的團隊中。

在大家齊聲說著：「好！我們要贏！」中，開始了比賽。

我想著：「好不容易加入了這隊，我要努力，不可以給別人添麻煩！」當時，我也是感受著適度的同儕壓力參加比賽。

結果，我也將適度的同儕壓力傳染給了大家，一發生失誤時，大家就會做出一點都不像美國人的表現，說出：「對不起失誤了！我下次會努力！」

然後大家甚至彼此鼓勵：「別在意！加油！」一起同心協力，互相掩護失誤，並打贏了好幾場比賽，不知不覺間，竟在校內獲得優勝。

像這樣可被稱為團隊合作的同儕壓力，就和所謂的「剝奪自由，讓人無法發揮能力的同儕壓力」有細微的差異。

這樣的同儕壓力反而**能引出彼此的能力，在團隊內發揮出強大的力量**。

◎若能活用「同儕壓力」，少數派也能動搖多數派

像這樣，同儕壓力的積極使用法如前所述，能提升組織力。

而且以結果來說，這樣的同儕壓力絕非強者在強迫弱者。反而我才是加入團隊中的少數派。

我就讀的學校「只有一名日本人」，其他同學都是歐裔美國人，非常能感受到來自多數意見的「同儕壓力」。

在物理課的課堂上，教授要我們五人為一組時，我也會覺得「讓少數派的我成為組員之一真的很不好意思」。

因此我心想「少數派的我扯了後腿真是不好意思」，所以當時就有著「大家都分擔了計算，我們要比所有人都快二十分鐘下課回家，讓教授大吃一驚！」這種「一定要跟上多數派！」的想法。

然而**我這個少數派所感受到的「一定要跟上多數派！」同儕壓力，其實可以想成為**

「加大了組內的同儕壓力」。

因為我刻意遵循了多數派的同儕壓力，於是組內的同儕壓力就增大了，甚至連多數派的人都感受到了同儕壓力，認為：「一定要配合大家，早點做出正確的計算！」

也就是說，**少數派並沒有反抗多數派，反而是少數派的我配合並強調了多數派的意見，結果也讓多數派感受到了同儕壓力**。

少數派的我若是在河中用手划船，一旦碰上逆流，不僅「完全沒前進」，還會妨礙水流。

可是，若是朝著順流的方向划船，配合同儕壓力之流，就會「不斷加速！」不僅水勢會增加，團隊全體的速度與力量也會增加。

◎反轉「同儕壓力」不會被發現

由於學生時代的體驗，對我在從事業務工作時也很有幫助。

以前在都是女性的職場工作時，一開始也會感受到同儕壓力。

感受到來自多數派的同儕壓力時，
只要反過來善加利用，也能動搖多數派

可是，少數派的我做出了「利用同儕壓力！」後，「團隊合作漸漸變好！」大家的成績就不斷上升了。

而且我們還能一邊補足彼此的弱點，一邊獲得「營業所的成績是地區第一！」的有趣體驗。

若成了少數派，感受到了同儕壓力，一般人應該會覺得「真討厭～」大多會不情不願地與同儕壓力隨波逐流。

可是這時候可以試著去想：「成為少數派反而是種機會！」

透過利用來自多數派人群所施加的同儕壓力，同儕壓力就會加速，不知不覺間，多數派的人也會背負起同儕壓力，因為剛剛好的壓力而「產生了團隊合作！」就能提升組織力。

話雖這麼說，應該會有不少人覺得：「我才不想去做什麼提升組織力的這種麻煩事！」

我非常能了解各位覺得「為什麼我非得奮力相助這樣的組織？」的心情。

而且各位也會認為，若是「反過來施加同儕壓力以提升組織力」被發現了，一定會被討厭。

但請放心。**「成為少數派時就讓同儕壓力加速」這件事，在某種意義上會成為完全犯罪。**

因為多數派沒有「自己的同儕壓力被加速了」這樣的自覺。

因為就多數派來看，他們會覺得，是自己給出的同儕壓力才形成了團隊合作。

其實多數派只會感覺到「自己是中心」所以無法去認知到這點以外的事。

因此不會去認知到「少數派中的某個人加速了同儕壓力，帶給了我們壓力，形成了團隊合作」。

「奇怪？明明是我讓同儕壓力加速，並產生出團隊合作，卻完全沒人知道！」這樣一想，或許會有點寂寞，但因為不用擔心被棒打出頭鳥，也就稍微可以放心了。

只要產生出團隊合作、提升組織力，就能打造出自己不用拚命努力，大家會同心協力的輕鬆世界。

問題是，即便用同儕壓力提高組織力，或許也不會有人知道這件事並因而感謝自己。

只要與社會性評價連結，就能發現樂趣

◎分辨積極正面的「同儕壓力」與悲觀的「同儕壓力」的方法

那麼，我們該怎麼分辨前述的積極正向同儕壓力，以及到第四章為止所描述的悲觀同儕壓力呢？

標準就是「該同儕壓力是否能提升自己的社會性評價」這點。

話說回來，以第一章為首，本書就已告訴大家「感受到同儕壓力時，就是精神狀態回歸到了『孩童』」。

這也就是說，**「同儕壓力」＝「想獲得母親的認可」**。

結果就是**許多人都想透過同儕壓力要他人「做正確的事」**。

試著想一下就知道，即便對在工作中玩樂的人發怒、對不遵守交通號誌的行人生氣、對在社群網站上做出過分發言的人發火，也沒有一點好處。反而對方還會對自己擺出令人不舒服的態度，讓人覺得討厭。

然而即便如此，卻還是要去做「正確的事」、想對人施加同儕壓力，正是因為「想做正確的事以獲得母親的認可」。

在此，或許有些老生常談，**但請試著將標準從「正確的事」，改為「該同儕壓力是否能提升自己在所屬公司、組織或社團等中的評價」**吧。這麼一來就會發生有趣的事。

一般來說，以「正確」的觀點來施加同儕壓力時，若感到「奇怪？沒有湧現憤怒」，就不會施加同儕壓力。

面對喜歡的藝人外遇報導也是，只要想一下「對那件事施加同儕壓力，自己的社會性評價會提升嗎？」就會發現「那是其他人的事，跟自己無關！」而完全不會在意了。

另一方面，工作時，只要想一下「對這件事施加同儕壓力，自己的社會性評價會提升嗎？」就會像之前將壓力傳給周遭的人而產生出團隊合作的模式那樣，湧現出「或許有些好處」這樣的想法，提升自己與周遭人對工作的專注度。

◎可以選擇有好處的「同儕壓力」

就像這樣，不知道「想被母親認可自己是正確的」這件事時，因為一點小事都會感受到同儕壓力並受傷，但思考到**「對那件事施加同儕壓力，會提升自己的社會性評價嗎？」時，對同儕壓力的感受就會改變，會變成「只有對自己有好處時，才有必要施加同儕壓力」，所以很有趣**。

話雖這麼說，其中應該也有人會想：「自己根本不需要什麼社會性評價」。可是這反而成為了有「想被母親認可自己是正確的」這種想法的證據。

因為其中的機制是，若是能獲得「社會性評價」，就會成長，且能自動離開母親。

愈是不能離開雙親的人，愈是會依賴原生家庭，實際上是有這種情況的。沒有想去獲得社會性評價不是因為外在世界的關係，而是與雙親間的內心世界有很強的連結。

因此，要不要乾脆停止那種要讓母親認可的「孩童」的同儕力，試著切換成是與社會性評價連結的「大人」的同儕壓力呢？

找出並善加利用能提升自己社會性評價的同儕壓力，與周圍的人自然地形成團隊合作，實際地提升社會性評價吧。

只要嘗試去做體驗，就會看見「啊！有很多人都是互相施加『大人』的同儕壓力，提升社會性評價呢！」

以前雖只有會讓人精疲力竭的同儕壓力，看不到積極正面的同儕壓力，但只要自己實際去做做看，就能打開「有好多『大人』的同儕壓力啊！」這扇新的大門。

而且這種類型的同儕壓力是能提升社會性評價的同儕壓力，有趣的是，周圍的人也會逐漸變得豐盛、充實起來。彼此間相互施加剛剛好的同儕壓力，公司、地區、社會就能變得更加美麗、閃耀。

視使用「同儕壓力」方法的不同，能讓大家都獲得幸福

◎大家都是心靈受傷的夥伴

這本書中，以同儕壓力為主題講述了各種情況。

在這過程中，或許大家會得知在自己心中所有的同儕壓力是與父母有關而想起往事，內心很是痛苦。

可是，閱讀到此的各位或許已經感受到了。

「或許可以不用那麼忌諱同儕壓力」。

沒錯，就是這樣。

例如即便有人會對尋求「正確」的人施加令人感到痛苦的同儕壓力，但你也會知道，那不過就像是「想獲得母親認可自己是好孩子」，為了掩埋自己內心的傷罷了。

因此，**或許可以因為對這些會施加同儕壓力的人察覺到「啊！他的心靈受傷了啊」，而用不同的眼光去看待**。

因為自己內心也有傷，所以才會對同儕壓力敏感。

當然，會施加同儕壓力的人也有些看起來是非常過分的。

可是誠如本書中所述，對同儕壓力敏感的人內心，也有一個自己是會對人施加同儕壓力的。

因為同樣都是心靈受傷，若要改變狀況，就會做出同樣的事情，所以彼此是同伴。

◎試著祈願施加「同儕壓力」的人能幸福

即便想著「只有自己如此受傷」，對方與自己內心依舊是傷痕累累。

雖然是情況 樣的同伴，卻依舊為了想掩埋自己內心的傷痛而忍不住去傷害別人。

而且在不知不覺中，滿身傷痕的自己也對他人做出了相同的事，為世界增加了心靈受傷的人，加速了同儕壓力的流動——。

沒錯，**若是忌諱同儕壓力，就會在自己也沒察覺的情況下，對某人施加同儕壓力、傷害他人**。

因此，要不要試著不要討厭同儕壓力，而是改想成「來進行會讓大家都變幸福的同儕壓力使用法吧！」

的確，「用同儕壓力來讓大家變幸福」這點或許很難讓人立刻信服。

可是不論是對他人施加同儕壓力，還是自己在無意識下做出的同儕壓力，都可以試著去想，能利用這同儕壓力，如獲得治療般被治癒，而且「大家都能獲得幸福」。這樣的想法就會改變同儕壓力。

例如因為不被母親認可而心靈受傷，變回如同孩童般會不停對他人施加同儕壓力的人，可以試著去想，因為施加了同儕壓力而「療癒心靈傷痛並獲得幸福」。

試著透過施加同儕壓力，改用「活化了公司氛圍，大家都變幸福了」這樣的眼光看世界。

這麼一來，就會出現「真的因為同儕壓力而使大家獲得了幸福」這樣的現象。

相對地，想著「讓施加同儕壓力的人內心創傷更深」則很接近詛咒。

實際上，有時候對方傷痛是會加深，而這麼想著的一方就同於對施加同儕壓力傷害的人施加同儕壓力並傷害他。

對方會因那樣的同儕壓力而愈來愈不幸。

因此，讀了本書後稍微產生出從容的各位，要不要就從自己開始思考著「利用同儕壓力來療癒對方的內心創傷並引導他走向幸福」呢？

只要試著這樣想，就會因對對方施加「幸福的同儕壓力」讓對方獲得幸福。

同時，**施加給他人能獲得幸福的同儕壓力而非會造成傷害的同儕壓力，幸福之輪就會不斷擴大**。

因為一個人打造了「同儕壓力能讓大家都獲得幸福」這樣的同儕壓力之流，最終就會變成一股巨大的潮流，改變家人、公司，以及地域，甚至是國家。

因為有一個人想著「能帶給大家幸福的同儕壓力」，就自然而然會誕生出這樣的潮流，然後發展成巨大的潮流。

大家都獲得幸福時，雖然不會有人來感謝自己，但請在心中認可自己：「這股潮流是我製造出來的！」

是的，這幸福的巨大同儕壓力潮流是我製造出來的，一邊這麼想著，一邊就能在心中默默地誇讚自己。

而且是能邊看著大家的笑容邊這麼做的。

Note

國家圖書館出版品預行編目資料

放飛自我零內耗：跳脫同儕壓力,把自己當回事/大嶋信賴作；周奕君, 楊鈺儀譯. -- 初版. -- 新北市：世茂出版有限公司, 2024.11
面； 公分. -- (心靈叢書；28)
ISBN 978-626-7446-36-2(平裝)

1.CST: 人際關係 2.CST: 社會關係
3.CST: 社會心理學

177.3 113012770

心靈叢書28

放飛自我零內耗：跳脫同儕壓力，把自己當回事

作　　者／大嶋信賴
譯　　者／周奕君、楊鈺儀
總　　編／簡玉芬
編　　輯／陳怡君
封面設計／林芷伊
出 版 者／世茂出版有限公司
地　　址／(231)新北市新店區民生路19號5樓
電　　話／(02)2218-3277
傳　　真／(02)2218-3239（訂書專線）
劃撥帳號／19911841
戶　　名／世茂出版有限公司
單次郵購總金額未滿500元（含），請加80元掛號費
世茂網站／www.coolbooks.com.tw
排版製版／辰皓國際出版製作有限公司
印　　刷／世和彩色印刷股份有限公司
初版一刷／2024年11月

ＩＳＢＮ／978-626-7446-36-2
ＥＩＳＢＮ／9786267446348（PDF）9786267446355（EPUB）
定　　價／350元

DARENIMO KIRAWAREZUNI DOCHOATSURYOKU O SARARITO KAWASU HOHO by Nobuyori Oshima

Original Japanese edition published by SHODENSHA Publishing Co., Ltd., Tokyo.
This Complex Chinese language edition is published by arrangement with SHODENSHA Publishing Co., Ltd., Tokyo in care of Tuttle-Mori Agency, Inc., Tokyo through jia-xi books co ltd ., New Taipei City